ユーキャンの
発達障害の 子の保育 実践編

気になる子&
保護者対応のポイント

はじめに

　子どもの健やかな育ちを支えるうえで、保育者と保護者の関係のあり方は、とても重要です。

　特に、子どもの発達に何らかの気がかりがある場合には、保護者との連携は優先度の高いテーマです。しかし、重要でありながら、時と場合によっては悩みも大きい、というのが保育者の本音ではないでしょうか。同じように、保護者からも、園の方針や担任との関係について切実な悩みが語られることがあります。保育者、保護者ともに、子どもの育ちの気がかりに対して何とかしたいという思いはあっても、そもそもの子どもの姿の受け止め方や方針には、違いが生じやすいと考えられます。

　本書では、そのような受け止め方の違いに気づき、幼児期であるからこそ抱えやすい保護者の心情を理解するヒントが盛り込まれています。「対応に困る保護者」という見方から一歩抜け出して、「保護者の特別な心情」を理解する視点に立つことで、関係のあり方を整理し、時間をかけて支えていくための見通しが得られるでしょう。

池畑美恵子（淑徳大学 総合福祉学部准教授）

目次

本書の構成と使い方

1章・2章 >>> 発達障害についての基礎知識や、保護者理解のための障害受容の5つのステップを解説しています。

3章 >>> 保護者のタイプ別に対応のポイントやアドバイスをマンガとイラストで詳しく紹介しています。

4章 >>> 園全体での支援のポイントを紹介しています。個別の指導計画や就学シート作成のためのヒントも解説しています。

5章 >>> 自治体と園が連携して行う継続的な支援の例として、塩尻市の取り組みを紹介しています。

気になる子の
保護者サポートの
10のポイント

発達障害を正しく理解する

診断名だけで目の前の子どもの すべてがわかるわけではない

気になる子やその保護者をサポートしていくためには、まず発達障害について正しい知識を身につけるのが最初の一歩になります。集団遊びにすんなりと入っていけない、指示を聞くことができないなど、対応に手を焼く「困った」子どもたちに対して、**ひとくくりに「発達障害なのかも」と見てしまうのは絶対に避けなければなりません。** そのためにも、まずは発達障害にはどのような種類があるのか、また、それぞれどのような特性が出やすいのかなど、正しい知識が必要です。

ASD（自閉スペクトラム症）やADHD（注意欠如・多動症）という診断名がついていたとしても、同じ診断名のついている子どもがすべて同じ特性を持っているとも限りません。一人ひとり顔も性格も違うように、一定の傾向はあったとしても、好きなことや嫌いなこと、得意なこと苦手なことは、それぞれに違っています。ただ、子どもの保育にあたる中で「あの子は発達障害かもしれない」と**保育者が気づくことで、本人が園生活を楽しめるような支援にスピー**ディにたどりつき、保護者が希望すれば**必要な機関につなぐきっかけになる**といえます。

情報は常に更新されるもの 最新情報へのバージョンアップを

発達障害についての知識は、一度学んだらそれで終わりではありません。保育についての情報や知識がそうであるように、時間の流れとともに新たな**研究が進み、常識が変わっていく**ものです。この10年程度を振り返っても「自閉症」「アスペルガー症候群」などの名称が「ASD（自閉スペクトラム症）」にまとめられました。自分が得た知識がすでに時代遅れになっていないかについては、常にチェックをしていく必要があります。

② 子どもや保護者の困り感に気づく

困った子、困った保護者は「困り感」を抱えている

　発達障害の特性がある子どもは、園生活の中で度々困ったことが起きるでしょう。担当する保育者としては「なぜ指示が聞けないのだろう」「なぜ友達と仲良くできないのだろう」と嘆きたい気持ちになるかもしれません。ですが、**保育者が「困った」気持ちになるときには、子ども自身の「困り感」が隠れている**はずです。子どもをよく観察していると、「指示を聞けない」のではなく、「指示を理解できない」ために、指示どおりに行動ができないのがわかることもあります。すると、その子が指示を理解できるには、もっと簡単な言葉で説明したほうがいいのか、それとも絵や写真など目に見える形にしたほうがいいのか「困り感」を解決する方法を考えることができます。保護者についてもそれは同じです。子どもの「困り感」を伝え、専門機関への相談をうながしてもなかなか受け止めてもらえなかったり、お願いした持ち物を準備してくれなかったりする場合もあるでしょう。そのような**「困った」保護者にも、きっと何か「困っている」事情があってのこと**な

のです。その「困り感」が何なのか引き出すことが、よりよい保育につながっていきます。

ラベルを貼るのではなく目の前の子どもと保護者を理解する

　大切なことは「この子はADHDだからじっとしていられない」「園に協力的でない保護者だから医療機関に行ってくれない」と**ラベルを貼って納得することではなく**、「なぜじっとできないのか」「なぜ医療機関に行きたくないのか」という**理由にたどりつく**ことです。そのためには、目の前の子どもや保護者のことを、保育者が理解しなくてはなりません。一人ひとりに寄り添う保育の中で、学んだ知識を活かしていきましょう。

困りごとの背景を見極める

なぜそうなってしまうのか 背景にあるものを想像する

　気になる子どもやその保護者が、どんな場面でどんなことに「困っている」かがわかってきたら、次にその**「困りごとの背景」を見極めていきます**。例えば「指示が理解できない」子どもがいるとしたら、指示が理解できない背景には何があるのでしょうか。単純に「耳から入る言語を理解するのが難しい」のかもしれませんし、「まわりに気になることがあるとそちらに意識が持っていかれてしまう」のかもしれません。**子どもの様子をつぶさに観察**していれば「こういう場面でこういうことが起きたので、背景はこういうことかもしれない」と、さまざまな場面を重ね合わせることで、**いくつかの「こうかもしれない」が思いつく**のではないでしょうか。そのうえで、「聴覚理解が難しいのなら、絵で示してみる」「まわりに意識が持って行かれてしまうなら、集中できるよう目の前で保育者が伝えてみる」など支援を行ってみて、最も効果がみられたものが、その子に合った支援というわけです。

観察だけでは気づかない点を 正しい知識が教えてくれることも

　困りごとの背景に気づくには、子どもの様子を観察することがすべての基本ではありますが、それだけでは気づけない可能性もあります。そこで支えになるのが「発達障害のある子は聴覚理解が苦手な場合がある」「ADHDだと集中力を保つのが難しい」といった**発達障害についての知識**です。発達障害のある子の多くにみられる特性を思い返すことで、困りごとの背景にすばやく気づいてあげられるのです。

4 保護者が子どもの障害や困りごとを 受け入れるプロセスを理解する

無関心なのも否定的なのも 受け入れるプロセスのひとつ

　わが子が園でみんなと同じようにできなくて困っている、もしかしたら発達障害があるかもしれない。そう気づいたほとんどの**保護者は心穏やかではいられません**。保育者としては、家庭と連携して子どもの困り感が軽減されるサポートを考えていきたく、状況によっては医療機関や療育機関にも連携していきたいところですが、中には子どもの様子を伝えても保護者が無関心だったり、「うちの子に問題があると言いたいんですか！」と怒り出してしまったり、連携がうまくいかずにやきもきすることもあるでしょう。**実は無関心だったり、否定的だったりするのも、わが子の特性を受け入れていく中で通過するひとつの過程**なのです。誰もがいきなりすんなりと子どもの障害や特性を理解して、適切な行動がとれるわけではなく、否認する時期も経て受け入れていくことを知っておくと「子どもに愛情がないのかも」「園に協力してくれないのかも」などと、保護者に対して否定的な感情を持たずにすみます。

子どもの障害を受け入れるのは 簡単なことではない

　保護者が子どもの障害を受け入れるまでには、かなりの年月がかかります。また、一旦は受け入れた保護者が、何かのきっかけでまた否定的になることもあると言われています。園に通っている時期は、**障害や特性があると気づいて間もない頃**で、ほとんどの保護者が受け入れられる段階にはないでしょう。**保育者が「否定する気持ちもあって当たり前」**だと思って、前向きな気持ちで保護者と向き合うことで、保護者も本音を明かしてくれるようになるかもしれません。

保護者にも個性があることを理解する

「不安」の現れ方も人によって違うのが当たり前

　子どもがそうであるように、保護者も一人ひとりタイプが違います。ある保護者は伝えればすぐに納得してくれることを、別の保護者は手を変え品を変え、何度も説明しないと理解してくれないこともあります。子どもの保育でも、一人ひとりの個性に合わせて声かけを少しずつ変えていくのですから、保護者に対しても、どのような個性を持っているのかに合わせて対応を変えていく必要があるということです。

　特に気になる子を育てている保護者は、多くの不安を抱えているはずです。園で困りごとがある子が、家庭ではまったく何の問題もないということはまずないでしょう。きっと家庭でも何かしら「この子はどうしてこうなのだろう」と悩みながら子どもと接していると思われます。ただ、その**不安が保育者の前でどのように表れるかは、人それぞれ**です。何も気にしていないように明るくふるまいながら保育者の様子をうかがう人もいれば、子どもを厳しくしつけようとする姿をまわりに見せる人も。保育者に対して無理難題を求めてくる人、保育者が声をかけても無関心だったり、確信に迫る話をされないために逃げてしまったりする人などもいるでしょう。一見するとバラバラな行動ですが、**全員がその内面には「不安」を抱えている**のです。**保護者もそれぞれ個性がある**ことをふまえて接していくと、やがて保護者が内面に抱えている「本心」や「本音」に触れられるようになっていきます。

保護者が抱える個別の事情にも目を向けてみる

　時には、子どもより先に保護者に対して「大丈夫かな？」と感じることがあるでしょう。**保護者の困り感も背景にはさまざまな事情がある**はずです。例えば、同じ家庭内にケアが必要な人がいる、保護者自身が病気療養をしているなどで、子どもの世話にかける時間や気持ちの余裕がないのかもしれません。もしくは、仕事が多忙であったり不規則であったりするのに加えてパートナーなど家族の協力が得にくく、育児の負担を保護者ひとりで抱えているのかもしれません。さらに、保育者として覚えておきたいのは、**どうしても自分の子どもに対して関心を寄せられない人もいる**ということです。園に通わせて日々の食事をさせるなど、最低限の世話はしているものの、子どもに対する愛情や関心が薄いのです。一方で、子どもに関心が向きすぎて、過剰ともいえる世話をせずにいられない保護者もいます。

　このように「保護者」とひとくくりにすることが難しいほどに、さまざまな個性を持つ保護者が存在しています。この保護者はどんな個性を持っているのか、どんな事情を抱えているのか、**子どもとともに保護者も観察して見極めていく**ようにしましょう。

保護者に寄り添いコミュニケーションをとる

園に協力的でない保護者を責めるのではなく味方になる

　健やかな子どもの育ちのためには、園と家庭が連携していく必要があります。しかし、中には連携のとりにくい家庭があることも事実です。園からのお願いごとをすぐに聞き入れてくれ、持ち物や行事の連絡に対してもすぐに対応してくれる家庭ばかりであればとても助かりますが、なかなかそうはいきません。そんなとき「園に協力してくれないなんて、子どもがかわいくないのだ」と、保護者を否定する考えを持つと、その気持ちが保護者やその子どもにも伝わり、ますます連携がとりにくくなっていくでしょう。ここでも子どもに対するサポートと同じで、**何か理由や事情があって、やろうとしてもできないのだ**と考え、どのような理由や事情があるのか想像したり、観察したりしてみます。そのうえで、「仕事が多忙なせいで園からのおしらせに目を通せていない」と気づいたなら「お仕事お忙しいですよね」とねぎらったうえで「保育参観があるのですが、出席されますか?」と口頭でフォローするなど、**保護者の状況**に配慮したコミュニケーションがとれるようになるはずです。

子どもの困った面を「家庭のせい」にしない

　保育者としては子どもに配慮した保育を実践しているつもりなのに、何か困ったところがあると「親がきちんと家で伝えていないから」「保護者が家で園と同じようにしてくれないから」と、家庭に原因があると考えたくなります。そうして原因を家庭に押しつければ気持ちは楽になりますが、子どもの困り感は解決しませんし、保護者とのコミュニケーションも円滑にいきません。**「園はどんなときも子どもと保護者の味方である」というスタンスは崩さない**ようにしたいです。

保護者対応のアプローチの方法を知っておく

顔を合わせて伝えることがいつでもベストの方法ではない

保護者の個性や事情を知ると、適切なアプローチの方法も見えてくると思います。何かを伝えるときには、直接顔を合わせて、保護者の反応も見ながら話すのが最も伝わりやすいように思いますが、なかなか顔を合わせることが難しい保護者もいますし、中には口頭で聞いた内容が頭に入りにくい保護者もいます。口頭で伝えるにしても、子どもの気になる点についての共有であったり、対応が難しいお願いごとだったりすると、伝え方にも配慮が必要になります。保護者のタイプに合わせて、工夫をしたいところです。

連絡帳、手紙など保護者によって合った方法を使い分ける

直接話すことが難しい保護者に対しては、やはり**連絡帳を通じたアプローチ**がよいでしょう。文字で伝えると、何度でも見返すことができますし、耳から入る情報の整理が難しい保護者も目で見て確認すること

ができます。送り迎えのあいさつくらいしかできていないとしても、連絡帳を通じてこちらが子どもをしっかりと見守り、**保護者もサポートしていきたいという気持ちを伝える**ことは可能です。保育者との接触を避けていたり、本心を隠していたりする保護者も、気持ちが通じれば、それまでひとりで抱えていた悩みを話してくれるようになるかもしれません。じっくり話を聞きたいときには、適宜面談の機会を設けるのも大切です。

また、**園だよりやクラスだより**もアプローチのひとつとしてうまく使っていきましょう。「こんな悩みを持つ保護者の方が多いです」「この年齢の子どもの育ちはこんな様子です」とクラスの保護者全体に伝えることで「うちだけではないんだ」とホッとする保護者もいるでしょう。

子どもをサポートするために家庭と連携する

園と家庭が協力することが子どもの健やかな育ちにつながる

　なぜ家庭に向けて子どもの様子をこまめに知らせ、時には保護者のサポートも行い、**家庭と連携していくことが必要**なのでしょうか。それは子どもの健やかな育ちのためにほかなりません。園に通う前の子どもは、人とかかわる場がほぼ家庭だけでしょう。ですが園に通い始めると、園では保育者や友達と、家庭では家族と日々かかわりながら育っていきます。例えばトイレトレーニングなどでは、園で保育者が行っているサポートを、家庭でも同じように行ってもらうことでスムーズに進むことがあります。逆に園では友達の刺激を受けてがんばっているぶん、家庭では保護者に少し甘えてみることで、さらに園でがんばれるといったこともあります。

園だけ、家庭だけでは難しいことも互いにフォローしあえる

　気になる子のサポートに関しても、園で保育者から見た困りごとと、家庭で保護者が感じている**困りごとを共有**することで、園と家庭で同じサポートが必要なのか、園と家庭とで役割分担をするのか考え、子どもにとっていちばん合う方法をとることができます。**園だけでは難しいこと、家庭だけでは難しいことも、連携して互いにフォローし合う**ことでクリアでき、子どもが楽しく生活するのを支えていくことができるのです。

園全体で保護者と子どもを
サポートする

園全体が連携して見守る雰囲気が
子どもと保護者の安心感につながる

　子どもや保護者のサポートは、その子を**担当する保育者ひとりに負担がいきがちです**。クラス担任やクラスの中で気になる子を担当する保育者が、子どもと交流する時間も多いため、必然的にその子の様子や保護者の状況に気づきやすくはなりますが、決して**ひとりで抱えて解決しなければならないのではありません**。子どもや家庭について気づいた課題や問題については、できるだけ早めに**担任同士、園長など管理職を含めた園内に共有**していきましょう。そうすることで、気になる子どもと家庭を園全体で見守り、サポートすることができます。「担任の先生だけでなく、いつでも園の先生の中の誰かが助けてくれる」という環境は、子どもや家庭にとっても支えになり、安心感につながります。

ひとりでは思いつかないことが
園全体の連携で見えてくる

　気になる子どもや家庭のサポートは、簡単にはいかないことも多く、すぐには結果が出ないものです。それを保育者ひとりで抱えてしまうと、保育者自身もリソース不足になり、ほかの子どもの保育や園にも影響が出かねません。「同じように子どもを見守ってくれる人がいる」という**保育者への安心感があると、サポートされる子どもも安心できる**ものです。また、園長や先輩保育者は、若い保育者が知らない情報や経験も持っていることがあります。連携することで「それならこんなやり方がありますよ」「巡回の臨床心理士に相談してみましょう」と、**自分では思いつかない知恵を授けてくれる**でしょう。園で連携することが、結果的に保育者自身のためだけでなく、子どもや保護者のためになるのです。

専門機関や小学校と連携し、
切れ目のないサポート体制を築く

どのような機関とつなぐといいのか
必要に応じて保護者に案内を

　気になる子どものケアやサポートについては、医師や保健師、臨床心理士、言語聴覚士などさまざまな専門家がおり、相談やケアを受けるにも医療機関、療育機関などさまざまな窓口があります。これらと連携していくことも、子どもや保護者の支援のためにとても大切なことです。中には「専門機関に相談すると、自分の子どもが普通の子どもとは違うと認めることになる」と**拒否感を示す保護者もいる**でしょう。そういった場合に無理強いはできませんし、専門機関とつながったからといって、子どもの困り感がすべて解決するわけではありません。ただ、園や保育者として、どのよう

なケースの際にどのような専門機関や行政の窓口とつなぐのが適切なのかは**知識として知っておき、必要に応じて保護者に案内**していきましょう。

園と小学校との連携で
新生活のギャップが軽減される

　年長児になると、就学についても考えていくことになります。園とはガラッと環境が変わり、小学校からは教科学習が始まるため、気になる面がある子、発達障害のある子の保護者にとっては心配が尽きないと思います。新しい生活にスムーズに入っていけるよう園としても**小学校と連携**していくことが求められます。自治体によって園と小学校との連携の仕組みは異なりますが、子どもの成長の記録や園で行ってきた支援、入学後に配慮してほしいことについては、ぜひ小学校に伝える機会を持ちたいです。また、可能な限り事前に小学校での生活の様子を体験できるような機会も持ちたいところです。**園と小学校がどのような形で連携可能なのか**は、自治体や園長からも**情報収集を行い、確認**をしておきましょう。

療育

1章

発達障害の基礎知識

発達障害の基礎知識

保育を行っていると、「気になる」子と出会うことがあります。
その子たちの中には「発達障害」と診断を受ける子もいるかもしれません。
「発達障害」についての正しい知識を知っておきましょう。

登場人物

ゆうき先生

保育士歴6年目の5歳児担任。持ち上がりではないため、保護者との関係にも悩み中。

あん先生

ゆうき先生の同僚保育士。保育士歴6年目の3歳児担任。ゆうき先生のよき相談相手。

はた先生

ゆうき先生の先輩。保育士歴12年目の4歳児担任。頼りになる優しい先輩。

池畑先生

障害児保育の専門家。保育者の悩みに的確なアドバイスをくれる。

保護者に
伝えた方が
いいのかな…

伝え方
難しいよね
はた先生に
相談して
みようか

そうね…私も
発達障害について
勉強したいから
池畑先生に
聞いてみましょう

…というわけ
なんですが
やっぱり発達障害
なんでしょうか?

「発達障害」といっても
子どもに個性が
あるように困り感は
一人ひとり違います

先生方は診断名を
知りたがるけど、
診断名はその子を
理解し、早く対応
するための目安

それより
一人ひとりに
向き合うことが
大切なんです

なるほど

そういう子の保護者は
ともに悩み、考え、
歩んでくれる先生を必要と
しているの。その子の
ありのままを受け止め、
成長を共有できるように
しましょう!

まずは発達障害の種類と、
それによってどのような
困り感があるのか
見ていきましょう!

お願い
します!!

発達障害を理解しよう

保育の中で「気になる子」に出会ったときに、「発達障害かも」と
頭をよぎることがあるかもしれません。そもそも発達障害とは
どのようなものなのか、保育者が理解をしておくことが大切です。

環境によって見え方は変わる

　発達障害とは、**脳機能の一部の発達に偏りがある**ために起こります。誰にでも得意なことがあれば不得意なこともあると思いますが、発達障害の場合は、その**得意と不得意の能力の差が大きい**せいで、日常生活に困難が生じます。何に困っているのか、どれくらい困っているかは人によってさまざまです。

　ひとつ言えるのは、置かれている環境によっては、発達障害の人が不得意なことがあまり必要とされず、結果的に障害ではなくなることもありえるということです。また、年齢や、早期からトレーニングを行っていたか、周囲の人たちがどのようにかかわっていたかによっても、能力の凸凹は変わってきます。つまり、そのときの**環境・状況によって発達障害が目立たなくなったり、見えにくくなったりもする**のです。だからこそ、保育の環境を調整していくと、

発達障害の子や保護者が抱いていた困り感の軽減につながるのです。

対応はひとつではない

　発達障害として代表的なのが**ASD、ADHD、LD**の3つです。ASDとADHDが重なることも少なくありませんし、年齢や環境によって特徴の出方は変わってきます。ASDとの診断があっても、子どもによって対応が変わることは覚えておきましょう。

ASD
（自閉スペクトラム症）
自閉症
アスペルガー症候群
広汎性発達障害

ADHD
（注意欠如・多動症）
不注意
多動性
衝動性

LD
（限局性学習障害）
ディスレクシア

いろいろな発達障害

ASD（自閉スペクトラム症）

自閉症、アスペルガー症候群、広汎性発達障害を総称する診断名です。社会的コミュニケーションや**対人関係における困難**がある、行動や物事に**こだわり**が強く、**興味が限定的**で**反復行動**がみられるのが主な特徴です。

ADHD（注意欠如・多動症）

気が散りやすくて**集中力が続きにくい**ため、落ち着きがなかったり、忘れっぽかったりします。また、じっくり考えず、**衝動的に行動を起こす**ことがあり、順番を待つことができなかったり、じっとしていられなかったりもします。

LD（限局性学習障害）

知的発達の遅れはないものの、読み書きや計算、推論などのうち、**特定の分野の習得に著しい困難**がみられます。就学後に明らかになることが多いですが、未就学児でも保育者の話す内容の理解が弱いなどから気づかれることがあります。

ASD（自閉スペクトラム症）

ASD（自閉スペクトラム症）はコミュニケーションや対人関係に
困難があるほか、音や肌ざわり、味などの感覚刺激への過敏さがみられ、
集団生活への適応が難しいことが少なくありません。

『DSM-5』で診断名として登場

以前は「広汎性発達障害」という診断名で、知的発達に遅れのあるなしにかかわらない「自閉症」、知的発達に遅れのない「アスペルガー症候群」などが含まれていましたが、2013年にアメリカ精神医学会から発行された世界的な精神疾患の診断基準・診断分類である『DSM-5』より「ASD（自閉症スペクトラム症）」という診断名で統一されました。

ASDによくみられる特徴

ASDは、相手の気持ちを想像することや、表情や声色といった**非言語コミュニケーションを読み取ることが苦手**という特徴があります。また、繰り返し**同じパターンの行動や会話**を行うことを好み、興味を持ったものには**強いこだわり**、集中を見せます。一方、**大きな音や特定の感触に過敏**に反応し、時にはパニックを起こすこともみられます。

特性をネガティブに見ない

ASDの特性があると、例えばひとりの遊びに集中しているのを友達に邪魔されてかんしゃくを起こしたり、感覚過敏のために友達からさわられるのを嫌がったりと、園でもほかの園児とのコミュニケーションでトラブルが起きやすいことがあるでしょう。保育者が「子ども全員が同じようにできる」ことにこだわってしまうと、ASDの子は「トラブルばかり起こす子」と、ネガティブに見えてしまいます。ですが、その子の**特性にフォーカスした保育**を行うと、トラブルは少しずつ減っていくと思います。

全員が同じ特性を持つわけではない

ASDの特性として「他人の気持ちを想像しにくい」というものがありますが、ASDと診断を受けている子全員にその特性があるわけではありません。**診断にとらわれることなく、一人ひとりの子どもがどんな個性を持っているのかに注目**しましょう。特性もその子の個性のひとつと捉えれば、その子に合った対応方法も見つけやすくなるでしょう。まずは、その子の「いいところ」を見つけ、ほめて自信を持てるようにかかわることがポイントです。

池畑先生の ワンポイント まとめ

自分が興味を持ったことに対するこだわりの強さなどASDの子が持つ特性は長所になるものも。それらを保育の中でよい方向にのばしていけるといいですね！

判断の基準

『DSM-5』においては、以下の条件などを満たしていることが、ASD診断の基準になっています。

1. 複数の状況で社会的コミュニケーションおよび対人的相互反応における持続的欠陥があること
2. 行動、興味、または活動の限定された反復的な様式が2つ以上あること（情動的、反復的な身体の運動や会話、固執やこだわり、極めて限定され執着する興味、感覚刺激に対する過敏さまたは鈍感さ　など）
3. 発達早期から1、2の症状が存在していること
4. 発達に応じた対人関係や学業的・職業的な機能が障害されていること
5. これらの障害が、知的能力障害（知的障害）や全般性発達遅延ではうまく説明されないこと

出典：厚生労働省 e- ヘルスネット

ADHD（注意欠如・多動症）

ADHD（注意欠如・多動症）は、不注意、多動性、衝動性が
その主な特性です。特性の出方は人によって差があるため、
同じADHDでも全くタイプが違うこともあります。

不注意、多動性、衝動性がみられる

ADHDにみられる特性は「不注意」「多動性」「衝動性」です。「不注意」は、注意を維持すること、集中が難しく、**飽きっぽい、忘れっぽい**などの特徴があります。多動性は、**じっとする、静かにするのが苦手**で、手や足など体の一部を常にいじったり動かしたり、座っているべき場面で急に席を離れてしまったりする特徴がみられます。衝動性は、**相手の話が終わるのを待てずに自分の話を始めてしまう**、他人のやっていることを邪魔してしまうなどがあります。

ASDとADHD併存タイプも

不注意、多動性、衝動性のすべての特性がみられるタイプもあれば、不注意のみ、多動性・衝動性のみがみられるタイプも存在します。また、以前はASDとADHDは併存しないものとされていましたが、最近では併存することもあるとされています。

幼児期の診断は難しい

幼児期には、ADHDでなくても、落ち着きがなく歩きまわる、一方的に自分の話ばかりするといった個性のある子は少なくありません。そのため**幼児期にADHDの診断を受けるのは難しい**とされています。ただ、本人や保護者の困り感があるなら、診断にかかわらずフォローが欠かせません。周囲の適切なかかわり方、支援によって、成長とともに困り感が薄まることも大いにありえます。

よいところは
認めてのばしましょう

　ADHDの特性がある子は、幼児期から学齢期においては「人の話を聞きなさい」「勝手な行動をしてはいけません」などと**叱られる場面が多くなります**。よいところがみられたとき、本人なりに努力をしているのが感じられたときには、認めていきましょう。

　一方で、信号を確認せずに道路に飛び出すなど命にかかわる危険な行動については、本人にもわかりやすいルールづくりをし、徹底していくことも必要です。

池畑先生の ワンポイント まとめ

　できていないところを「直す」「正す」のではなく、やろうとしてもできない理由を理解することが、本人にとって過ごしやすい環境づくりにつながっていきます。

判断の基準

『DSM-5』ではADHDの診断基準は、下記などの条件がすべて満たされたときとされています。

1. 「不注意（活動に集中できない・気が散りやすい・物をなくしやすい・順序だてて活動に取り組めないなど）」と「多動-衝動性（じっとしていられない・静かに遊べない・待つことが苦手で他人のじゃまをしてしまうなど）」が同程度の年齢の発達水準に比べてより頻繁に強く認められること
2. 症状のいくつかが12歳以前より認められること
3. 2つ以上の状況において（家庭、学校、職場、その他の活動中など）障害となっていること
4. 発達に応じた対人関係や学業的・職業的な機能が障害されていること
5. その症状が、統合失調症、または他の精神病性障害の経過中に起こるものではなく、他の精神疾患ではうまく説明されないこと

出典：厚生労働省 e-ヘルスネット

LD（限局性学習障害）

知的な遅れはみられないものの、「読む」「書く」「計算する」など
特定の分野において理解に困難が生じるのが LD（限局性学習障害）です。
就学後にわかることが多いですが、幼児期にも特徴がみられます。

読み、書き、計算に困難がある状態

全般的に知的発達の遅れはないものの、**「読む」「書く」「計算する」のうち特定の能力の習得と使用に著しい困難が生じるの**がLD（限局性学習障害）です。算数の計算はスラスラ解けるのに、文字は書くことができないといった状態を指します。多くの場合は、就学後に読み、書き、計算の学習をする中で気づいていくものですが、園生活においても、「物の名前が覚えにくい」「しりとりが苦手」「自分の名前を読む、書くことができない」などの特徴がみられる場合があります。

LDはASDやADHDなどと併存することも少なくありません。また、環境要因により、そもそも文字や計算の学習に興味を持たない子もいるので、支援を行う際はその子がほかにどんな特徴を持つのか見極めなければなりません。

「ディスレクシア（発達性読み書き障害）」とは

LDの中で、特に読み、書きに限定した症状があるタイプを「ディスレクシア（発達性読み書き障害）」と呼びます。**文字を続けて読むのが難しく**、ひとつひとつ拾って読む、本を読むとすぐに疲れてしまう、「め」と「ぬ」など形が似た文字を間違えるなどの読字・書字障害があり、幼児期にも文字に興味を示さず、覚えようとしない傾向がみられるとされています。

本人に合う教材で
ステップアップも

ディスレクシアをはじめLDの子どもに、ほかの子と同じように読み、書き、計算をさせようとすると、とても時間がかかり本人にも苦痛でしかありません。そこから学習への拒否感にもつながってしまいます。現在は**LDに対応した教材**なども増えており、本人に合った教材を使って少しずつステップアップしていくと、困難をクリアしていくことも可能になっています。

次は…

そうそう

池畑先生の
ワンポイント **まとめ**

就学を控えた5歳児クラスでLDの傾向が見られる子どもがいる場合は、保護者との連携のもと、就学相談や就学支援へとつなげて、スムーズな就学に備えましょう。

判断の基準

LDの診断には、生育歴や既往歴、家族歴などの問診のほか、知能検査や認知能力検査などの心理検査で知能指数（IQ）が知的障害のレベルにないかを確認します。必要がある場合には、CTやMRIなどの頭部画像診断も行われることがあります。ディスレクシアが疑われる場合には、ひらがなの音読検査なども行い、それらの結果をもとに総合的に判断していきます。

その他
（トゥレット症、吃音症、発達性協調運動症、知的障害など）

園生活の中で「気になる」子の背景には、発達障害に似た障害や
発達障害とつながりのある脳の働き、体質に起因するものがあります。
乳幼児期の子どもよく見られる症例、障害を知っておきましょう。

運動チックと音声チックが
みられるトゥレット症

　運動や音声が突然に出現し繰り返される
チックには、目をパチパチさせる、首を激
しく振るなど体の動きに関する運動チック、
咳ばらいや鼻を鳴らす、奇声を発するなど
の音声チックがあります。チックが一時的
に表れるのは子どもにはよくあることです
が、**多種類の運動チックと1種類の音声チッ
クが1年以上にわたって続く状態をトゥ
レット症**と言います。4〜11歳で発症す
ることが多く、一般的には成人期には軽快
します。発達障害と併存することがよくみ
られます。

幼児期の吃音症は
多くが自然におさまる

吃音症は音の繰り返しなど「どもり」と

［トゥレット症］

［吃音症］

［発達性協調運動症］

［知的障害］

言われることが多い話し方の障害で、発達障害の一種でもあります。幼児期に発症した吃音症はほとんどが3年程度で自然に治ります。

知的障害は程度により4つに分類される

おおむね18歳までの発達期に生じた知的機能の障害によって、日常生活においてさまざまな困難がある状態を、知的障害といいます。**知的水準と日常生活能力によって4つに分類**されますが、軽度の場合は身の回りのことがほぼ年齢相応にできるため、就学前には気づかれにくいです。ASDやADHDと似た特性がみられることもあるほか、発達障害と併存することもしばしばあります。

ADHDとの合致が多い発達性協調運動症

手と手、手と目、足と手などのバラバラの動きを同時に行うことを協調運動といいますが、**年齢相応の協調運動が困難である**状態が発達性協調運動症です。「階段の上り下りが苦手」「遊具でうまく遊べない」など、いわゆる「不器用」と言われる子の中にはこの障害が隠れている場合も。約半数がADHDの診断基準と合致すると言われるほか、LDとも併存しやすいと言われています。

園での対応

トゥレット症に伴うチックや吃音症は本人が気にしていないようであれば、保育者も特に保護者に伝えるなどしなくてもよいでしょう。チックや吃音は心理的にプレッシャーを感じているときに出やすいと言われるので、精神的に負担になっていることがないか気にかけることは必要です。また、知的障害や発達性協調運動症がみられると、食事や着替えに時間がかかったり、苦手な運動や作業があったりするでしょう。園では、その子が楽しみながらスモールステップで達成していけるような工夫、支援が求められます。保護者から子どもの様子について相談を受けた場合は、専門機関への紹介、連携を行います。

困りごとに気づくためには

発達障害のある子の園生活においては、さまざまな困りごとが
起こりやすいものです。本人の困り感に早めに気づいて
対応するにはどのようなことに目を向けるといいのでしょうか。

保育者が困っているときは子どもも困っている

ASDやADHDの特性のある子は、園での生活が一般の子どもと同じようにいかない場面が少なくありません。保育者の指示のとおりに動けない、ほかの子どもと同じ行動がとれない、一方的な言動でほかの子どもを傷つけてしまう、自分の身の回りのことができないなどがあると、保育者も「あれ？」と不思議に思ったり、対応について「困ったな」と感じたりするかもしれません。この「あれ？」「困ったな」が子どもの特性に気づくきっかけとなるのです。

保育者が困っている場合には、子ども自身も困り感やとまどいを抱えていることが珍しくありません。その子がどのような点で困っているのかを見極め、適切な対応につなげていくようにしましょう。

何をすればいいのかな？

「やろうとしてもできない」と理解する

子ども自身に「どうしてできないのかな？」と尋ねても、**責められているように感じてしまう**だけでなく、園児の年齢では的確に答えるのは難しいと思われます。「やろうとしてもできない」状態だと理解し、**その子の様子を観察する**ことを続けてみてください。

気づきにつながるポイント

毎日の保育の中で「気づき」につながりやすいポイントを紹介します。

生活

- ☑寝つきが悪く、寝起きも悪い
- ☑つねに動き回るか、体の一部を動かしている
- ☑座っていなければならない場面で席から離れてしまう
- ☑ごっこ遊びや見立て遊びが苦手
- ☑マイペースで集団から外れることが多い

運動

- ☑走り方がぎこちない
- ☑体をぐにゃぐにゃさせていることが多く、床に寝転がることも
- ☑リズムや音楽に合わせて体を動かすのが苦手
- ☑クレヨンや色鉛筆の筆圧が安定しない
- ☑スプーンやフォーク、箸でうまく食べられない

コミュニケーション

- ☑一方的に話していることが多い
- ☑相手にとって失礼なこと、傷つくことを言ってしまう
- ☑保育者の指示が伝わりにくい
- ☑初対面の相手にも自分から親しげに話す
- ☑ひとり遊びをしていることが多い

感覚

- ☑大きな音を極端に怖がる
- ☑手をつなぐこと、抱っこを嫌がる
- ☑特定の動作を繰り返したがる
- ☑砂、粘土などさわるのを嫌がるものがある
- ☑極端な偏食がある

情緒・感情

- ☑言いまちがい、聞きまちがいが多い
- ☑思いどおりにならないとパニックになる
- ☑保育者や友達の名前、顔をなかなか覚えない
- ☑喜んでいる、怒っているなどを表情から読み取りにくい
- ☑言われたことを覚えているのが難しい

池畑先生のワンポイントアドバイス

これらのポイントがいくつも思い当たるからといって、その子が「発達障害である」と特定することはできません。個別に対応するべき特性を持っていると理解して、保育にあたりましょう。

困りごとの背景を知る

「気になる子」に対して保育の中で感じる「困りごと」
そして「気になる子」本人が感じている「困りごと」
その背景にはどのような特性があるのか知っておきましょう。

スムーズな園生活に
つなげるために

「気になる子」の園生活の困りごとの背景をさぐっていくと、発達障害由来の特性が関係している場合があります。困った言動が「こういう特性によるものなのだ」と理解ができると、どのような支援や対応をすれば、その子がスムーズに園生活を送っていけるかのヒントにつながるでしょう。

苦手なことを避けられる
環境づくりを

まずは「気になる子」が何に困っているのか、どんなときに困った状態になるのかを観察してみましょう。**特性を知り、嫌いなことや苦手なことを避けられるような環境を整えられる**と、不安になる場面、失敗する場面が減っていき、今までより前向きに園生活を楽しめるようになっていくはずです。それに合わせて、その子らしい個性を発揮できるような場面を作っていくことも心がけたいです。

池畑先生の**ワンポイントアドバイス**

発達障害のある子は、今の状態から成長しないわけではありません。適切な環境づくりやかかわりを続けていくことで、得意・不得意の差が縮まったり、調和のとれた育ちへと変化していったりすることも十分にあります。

困りごとにつながりやすい特性の例

衝動性が強い

☑ 座っていなければいけない場面でも立ち歩いてしまう

☑ 話し始めるとやめられない

不注意が強い

☑ 集中が続かず、すぐほかのことに気を取られてしまう

☑ 物を落としたり、なくしたりすることが多い

感覚過敏、鈍麻がある

☑ 苦手な音があり、過敏に反応してしまう

☑ 人からさわられる感触が苦手

特定の物事、行動へのこだわりが強い

☑ 急な予定変更でパニックになってしまう

☑ いつも同じ洋服を着たがる

他人の気持ちを察するのが苦手

☑ 相手を傷つけること、失礼なことを言ってしまう

☑ 目の前の友達が泣いていても気にせず遊び続ける

協調運動が苦手

☑ スプーンやフォーク、箸を使うのが苦手

☑ 体操やダンスがぎこちない動きになってしまう

困りごとや困り感への対応

「気になる子」の困りごとや困り感に気づいたときには
具体的にどのような対応をしていくとよいのでしょうか。
いくつかのポイントをつかんでおきましょう。

対応は早いほど望ましい

「気になる子」の困りごと、困り感には、早く気づいて対応していきたいものです。その理由は、本人にはコントロールが難しい特性によって失敗すること、叱られることが続くと**自己肯定感が育まれない**からです。保育者が適切な環境づくり、サポートを行うことで「自分にもできるんだ」という自信をつけていくことができます。

失敗から対処法を伝える

ただ、**失敗経験が絶対にいけないわけではありません**。衝動性が強いために怒ってしまった場合にも保育者から「怒りたくなったらこうしようね」と対策を伝えると、**乗り越えていく方法を知り**、自分の特性とうまくつきあっていくことができます。年齢が低いほど脳の柔軟性が高く、こうした対処法を身につけるのもスムーズです。

同じ特性=
同じ対応とは限らない

過去にも同じような特性を持った子の保育経験がある場合、その経験が活かされることにもなるでしょう。ただ、注意したいのは、同じ特性を持っているからといって、**同じ対応でうまくいくとは限らない**ということです。その子がどのような個性を持っているのかを観察し、過去の経験も参考にしながら、**一人ひとりに合った対応**をしていけると、「気になる子」だけでなく、ほかの子どもたちにとっても過ごしやすいクラスづくりにつながっていきます。

フラ フラ

別の方法がいいかも…

保護者と情報共有するには

保護者とも連携し、家庭でも園と同じように対応していけるのが子どもにとっては望ましいですが、中には**保護者が子どもの特性に気がついていない**場合もあります。「発達障害の傾向がみられます」と伝える

のではなく、あくまでも子どもの様子の共有として「このような部分がありますが、こんな対応をしてみたらうまくいきました」と、**前向きに伝えていきましょう**。連携を可能にするためにも、保護者から気軽に相談がしてもらえるような関係づくりを心がけておくことも大切です。

特性に合った対応とは？

「聞く」のが苦手な子

☑ 目で見てわかるカードを用意する

急な予定変更が苦手な子

☑ 予定変更の可能性があるときはあらかじめ伝える

他人の気持ちを想像しにくい子

☑ 気持ちを代弁して伝える

苦手な音がある子

☑ 離れた場所に移動させる

池畑先生のワンポイントアドバイス

保育者によって対応が違うと、特性のある子は混乱してしまいます。特性に気づいた場合は、園内でも「○○ちゃんには、こういう場面ではこのような対応をしています」と共有しておくと安心です。

誤情報や情報過多に注意

真偽の不確かな情報も増えている

　育児や発達障害については、玉石混交の情報があふれています。インターネットが発達し、専門家以外も情報を発信し、広く届けられるようになったこの頃は、さらに目に入る情報が増えました。ただ、情報の中にはどういう人が発信しているのか定かではなく、真偽のはっきりしないものも少なくありません。保育や発達障害について新たな情報を入手することはとても大切ですが、誤情報に振り回されることがないよう気をつける必要があります。インターネットは手軽に情報を集められますが、専門性のある人が発信しているのか、監修者がついているのかなどは確認するようにしましょう。また、医師など専門性のある人の発信であっても、エビデンスのはっきりしない今までの常識を覆すようなセンセーショナルなトピックだけをクローズアップしている場合もあります。ただ情報を集め、それに振り回されるのではなく、本当にその情報は参考になるものなのか精査できるのが保育者の専門性と言えるでしょう。

情報は「参考」レベルにとどめる

　目の前にいる子どもの「取扱説明書」は本やインターネットで見つけることはできません。その子自身から教わるしかないのです。集めた情報はあくまでも「参考」にしながら、子どもをじっくりと観察し、交流することを大切にして必要な支援を見つけていきましょう。

2 章

発達障害の子の
保護者理解

発達障害の子の保護者理解

わが子の発達障害を保護者が受け入れられるようになるには
相当の時間がかかると言われています。受け入れ＝受容までに
たどる過程にはいくつかの説があるのでここで紹介します。

ドローターの5段階説

アメリカの小児科医・ドローターが1975年に提唱した説です。わが子の障害を知った保護者の心情は、「**ショック**」「**否認**」「**悲しみと怒り**」「**適応**」「**再起**」という5つの段階を経て、受容にたどりつくというものです。発達障害に限らず、ダウン症や先天性奇形などさまざまな障害のある子どもの家族にあてはまる説とされています。

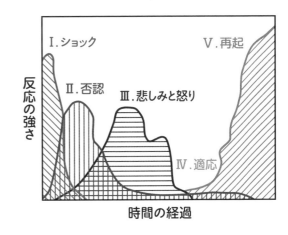

反応の強さ

I.ショック
II.否認
III.悲しみと怒り
IV.適応
V.再起

時間の経過

適応の経過

受容

□ 障害の肯定（適応）
■ 障害の否定（落胆）

異常の発見

らせん形説

発達障害のある子やその家族支援の研究に長く携わっている中田洋二郎先生による説です。保護者には「**障害を受け入れる気持ち**」と「**否定する気持ち**」があり、それらはリボンの表と裏のように常に存在しているとし、そのリボンはくるくるとらせんを描いていて、**表と裏のどちらが見えているかで、保護者の状態が変わってくる**、とされています。

池畑先生のワンポイントアドバイス

保護者が受容に至るまでには、どのような心理的な過程をたどるかを知っておくと、「今はこの段階なのかもしれない」と想像することができ、仮に保育者に否定的な態度が向けられたとしても、慌てずに受け止めることができます。

障害受容の5ステップ

子どもの発達障害を知った保護者がどのように障害を
受容していくのかを表した「ドローターの5段階説」について
説明します。保護者理解の参考としてください。

ステップ1)♪°○ ショック

何が起こったのか理解ができない状態です。とても混乱していて、不安や悲しみなども感じることがありません。傍から見ると無関心な状態にも見えるでしょう。いずれほかの子どもと同じように成長していくと楽観的に考える場合も。ただ、この時期があまり**長く続くことはありません**。少しずつ現実を認識できるようになっていきます。

ステップ**1**：ショック

ステップ**2**：否認

ステップ2)♪°○ 否認

障害があることは認識しているものの、そこから目を背けて、**認めようとしない時期**です。障害がない子を持つ人に対して嫉妬をしたり、うらやましがったりします。サポートする人に対して**暴言や八つ当たり**が起こることも。この時期が長く続くと、早い段階でケアを受けることにも積極的でなくなってしまうため、注意が必要です。

ステップ3 ○○ 悲しみと怒り

怒りや悲しみ、抑うつなどにおちいりやすい時期です。「特性に対してケアをしてもどうにもならない」と自暴自棄になってしまうことも。反応が内向的に表れる場合は無気力、悲しみ、抑うつなどがみられますが、外向的に表れると**周囲の人への怒り**や、自分以外のものへの**責任転嫁**が起こります。

ステップ4 ○○ 適応

少しずつ子どもの障害を受け入れられるようになります。障害に負けず、前向きに生きようと努力するようになり、ケアやサポートも受けていこうとしますが、まだ**感情は揺れ動いています**。障害のない子を持つ人たちに対する劣等感もあり、同じ障害がある子を持つ人たちへの親近感も生まれます。

ステップ5 ○○ 再起

障害をポジティブに受け入れ、個性のひとつと考えるようになります。発達障害がある子を育てていくことを「この子がいるからこそ今までにない経験ができる」と前向きにとらえ、子どもの将来についても発達障害を抱えながら学校生活を送り、社会に出ていく未来を見出せるようになります。

ステップ3：悲しみと怒り

ステップ4：適応

うちも…

ステップ5：再起

池畑先生のワンポイントアドバイス

誰もがこの過程をたどるとは限りません。人によっては否認や悲しみ、怒りの感情よりも、比較的早く適応に向かい、具体的な支援を求め行動を起こす場合もあります。

保護者が障害を受け入れるまで

ステップ1

ショック

ドローターの5段階説にもとづいて、子どもに発達障害があるとわかった保護者が、障害を受容するまでのプロセスを紹介します。まずは最初の段階であるショック期。それまで良好な関係だった保護者の変容に驚くこともあるかもしれません。

44

この時期の保護者

　保護者自身が「もしかしたらうちの子は発達障害なのかも」と気づく場合もあれば、健診や小児科の受診の際に指摘を受けることも。いずれにしても**「わが子に障害がある」という事実にショックを受けて、一度思考が止まってしまいます**。保育者から声をかけても反応が薄かったり、時には園とのかかわりを避けたりすることもあるかもしれません。

さようならー！

うちの子に
障害があるなんて…

ママー？

保護者の心の動き

　発達障害は身体の障害のように見た目にはっきりとわかるものではないため、これまでと変わらず元気に過ごすわが子を見ていると**「うちの子に障害があるなんてありえない」**と考えてしまいます。日常生活で子どもに困り感がある様子も見ないようにしていて「やがて障害がなくなりほかの子どもと同じように成長していく」と信じる気持ちも出てきます。

池畑先生のワンポイントアドバイス 💡

それまで子どもの気になる点を理解して受け入れていた保護者でも、医師から「発達障害」の診断を受けると強いショックを受けます。激しい情緒反応がありますが一時的なものだと理解しておきましょう。

子どもの様子を伝えるとき

　「これまでは片足ジャンプが難しかったが、今日は飛ぶことができた」など子どもの成長がみられる様子はぜひ保護者に伝えたいものです。ですが、ショック期にある保護者には**ポジティブな情報であっても、受け取るのが難しい**かもしれません。表向きには「そうですか。よかったです」と言いながらも、実際には心ここにあらずで、頭に入っていない場合もあります。あまり反応がみられないようであれば、口頭での伝達は最小限にとどめて、**連絡帳に記入して**おくのがいいでしょう。受容の次の段階に進んでいった際には、子どもが成長していく様子がわかる記録は保護者の励みになるに違いありません。

今日はこんなことができて…

そうですか…

うわのそら

今日はこんなことができました

保育者の疑問・悩み

保護者がショック期にある場合、保育参観や運動会など園行事への参加は促したほうがいいですか？　子どもは楽しみにしていると思うのですが。

池畑先生の
ワンポイントアドバイス

とても混乱していて園行事の予定などが整理しきれないこともあります。出欠の返答がなかったり、急に欠席したりしても気にせずにおきましょう。

健診後から
様子が変わった場合

健診後から保護者の様子に気がかりな変化があったとしたら、**健診に行った際に発達障害の可能性を指摘された**可能性があります。ですが、この時期に「健診はいかがでしたか？」とそれとなく聞いたとしても、現実を受け止めきれていない保護者からは「何もありませんでした」という答えが返ってくる可能性が高いです。**保護者に対して深追いはせず**、子どもの様子に変化がないか観察するほうに注力しましょう。

保護者から避けられるとき

子どもの発達障害について知った保護者が、それまで送迎などで顔を合わせると、あいさつだけでなく子どもに関する雑談をしていたのに、保育者から何か話しかけようとすると逃げるように園を出てしまうこともありえます。保育者から**発達障害の特性とつながるような子どもの様子を聞くの**

が耐えられないという心境なのでしょう。その時期は「なぜ急に態度が変わったのだろう？」と不思議に思うだけかもしれませんが、後になって「あのときはショック期だったのか」とわかることも。保護者の態度が急に変わるのは、保育者に原因がなくても、さまざまな要因がありますので、その要因のひとつとして「障害受容のショック期の場合もある」と覚えておくといいでしょう。

あの…

ス↗ッ

「ショック」の段階なのかな…
連絡帳で知らせる
ようにしよう

池畑先生のワンポイント まとめ

子どもの発達障害について誰に話していいか悩む保護者も。保育者がその聞き役となり、医師からどんな説明を受けたのかなど聞けるといいでしょう。そのためにも日頃から話せる関係を築いておきたいです。

保護者が障害を受け入れるまで

ステップ**2**

否認

障害受容で、ショックで思考停止の状態の時期の次に来るのが、障害を否定する「否認」の時期です。子どもの障害や、障害に起因する特性から目を背けたいあまり、専門機関とつながるのはもちろん、保育者への相談を避けがちになってしまいます。

この時期の保護者の特徴

　健診などで医師から発達障害の可能性を指摘される、自分でネット等の情報を見て思い当たるなど、子どもの発達障害に気づくきっかけはさまざまですが、ショック期の後は「**障害から目を背け、認めようとしない**」時期です。保育者が気になる点を伝えても「父親（またはきょうだい）もこんな感じだったので」と軽視する発言も出てきます。

Kくんの健診どうでした？

すみません

今日はちょっと急ぐので…

うちの子に障害があるなんて…
そんなことはない！

保護者の心の動き

　わが子に発達障害傾向があるとわかるまでも、「育児本やサイトを参考にしてもうまくいかない」「まわりの同年齢の子と違うかもしれない」と、**何らかの育てにくさを感じていた保護者がほとんど**だと思います。育てにくさの理由がわかってホッとする気持ちもある一方で、「この子は普通の子だ」と思える要素を探そうとします。

池畑先生のワンポイントアドバイス

　否認の段階からなかなか抜けられない保護者、一旦は否認から次の段階に進んだのにまた否認に戻ってしまう保護者もいます。それほどに障害受容とは簡単にはいかないものなのだと理解しておきましょう。

配慮をした保育を否定することも

　子どもの困り感に気づいた保育者は、困り感が少しでもやわらぐような保育を試行錯誤していると思います。当然ながら子どもは園の外でも同じような困り感を抱えているはずなので、家庭での育児の参考になればと保護者に報告するでしょう。ところが、否認期にある保護者には、そのような報告がうまく届かないかもしれません。わが子の特性は「発達障害によるものではない」と思う時期なので「厳しくしつけをすればいずれ直る」「甘やかさないでほしい」と主張されることもあります。子どもの困り感を共有し、家庭と連携してサポートしたいのはもちろんですが、この時期の保護者には、**気になる面だけでなく、個性を発揮したり、成長が感じられたり、子どもには将来が楽しみになるような部分もたくさんあることを伝えましょう。**

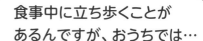

食事中に立ち歩くことがあるんですが、おうちでは…

先生の言い方が甘いんじゃないですかっ!?

ちょっとお話いいですか？

園長先生…

保育者の疑問・悩み

否認期にあると思われる保護者から、園の保育に対して否定されることが多く困っています。保護者の意向に沿ったほうがよいのでしょうか？

池畑先生のワンポイントアドバイス

保護者の気持ちにも共感はしたいですが、結局は子どものためになるかどうかだと思います。園長にも相談し、園長から保護者に伝えてもらってもよいでしょう。

参観ではひとりが
特別に見えない保育を

否定期の保護者は「あの子は発達障害かもしれない」という周囲からの目に対しても、否定したい気持ちでいっぱいです。そのため、わが子だけが特別に見えるような保育には過敏に反応するでしょう。例えば集団遊びの時間に、その子だけ自分のやりたいことに夢中になっている状況を保育参観で目にするなどは避けたい場面です。「うちの子だけ対応を変えているのは、発達障害だと思っているからですよね！」というクレームにつながる可能性もあります。3歳児以降は集団での遊びの楽しさも伝えていきたいところですが、**保護者が集まる参観**などでは、もう少し**自由度の高い保育の様子を見てもらう**など考慮したほうがいいでしょう。

保育者の見解を求められたら

保護者のほうから「先日、健診のときにうちの子が発達障害かもしれないと言われたのですが、先生もそう思いますか？」と尋ねられることもあるかもしれません。おそらくは「そんなことありませんよ」と否定してくれるのを望んでいるのでしょう。仮に園でも気になる面があったとしても「発達障害」という言葉を使って伝えるのは保護者にとって重く響くのでやめておきましょう。「言葉の問題はあるかもしれませんが、年齢的にこれから育っていく部分も大きいと思います。園でもそこをのばせるような保育をしていきます」と、**前向きな提案**をするのが保護者の安心にもつながるでしょう。

池畑先生の**ワンポイント まとめ**

否認期が長く続くと療育などにもつながりにくくなる心配がありますが、否認期の保護者対応は精神的に厳しいものがあると思います。園内で連携し、ほかの保育者や園長の力も頼って対応しましょう。

保護者が障害を受け入れるまで

ステップ**3**

悲しみと怒り

わが子に発達障害傾向があるのが明らかになり、認めざるを得ないところまで来ると、次に始まるのが「悲しみと怒り」の段階です。行き場のない気持ちをなんとか収めるため、自分を責めたり、周囲に原因を求めたりするようになります。

この時期の保護者の特徴

　子どもに発達障害の傾向があることが診察や心理検査で明らかになり、障害について否定できない状態になったものの、その事実と対峙するのを避けようとします。その結果、「**子どもが発達障害になった原因**」をこれまでの子育てや、周囲に求め、時には**周囲に対する攻撃**を行ったり、時には**自分を責めて抑うつ**状態になったりすることも。

保護者の心の動き

　「どうしてうちの子が発達障害になってしまったんだろう」という納得できない気持ちでいっぱいです。「仕事が忙しくてあまり構ってあげられなかったからかもしれない」「父親にも似たところがあるから遺伝したのかもしれない」など、**とにかく原因を探そうとします**。時には「園の先生が見てくれなかったから」となることも。

池畑先生のワンポイントアドバイス

　この時期の保護者の悲しみや怒りは、内に向いても、外に向いても、普段接する人にとってはかなりつらいものです。「混乱している時期なのだ」と理解をして、落ち着いて受け止め、混乱に巻き込まれないようにしましょう。

園は親子を受け入れていると伝える

保護者が子どもの障害を受け止められないのは、障害がある人に対して寛容でなく、受け入れる制度が整っていない社会が背景にあるのかもしれません。自分たち親子は、今までいた世界から押し出されて、別の真っ暗な世界に行ってしまったような不安にさいなまれているのでしょう。**園では、障害のあるなしにかかわらず、子どもやその家族を受け入れているということが伝われば**、保護者の混乱は少しずつ収まっていくと思われます。そのために大切なのは、子ども自身が園生活を楽しみ、園を好きでいてくれることに違いありません。

保育者の疑問・悩み

保護者が「悲しみと怒り」期にあるとき、当事者である子どもの保育にあたっては、どのようなことを留意しておくといいのでしょうか?

池畑先生のワンポイントアドバイス

保護者の悲しみや怒りに直面し、「自分のせいだ」と感じている可能性もあります。本人の得意や好きをたくさん経験させてあげましょう。

療育については
ポジティブな情報を

　この段階になると、すでに医療や療育施設ともつながっていたり、自治体や医療機関からつながるための案内が届いていたりする家庭が多いでしょう。療育施設に関して「行くたびに自分の子どもが発達障害なのだと実感させられる」と、ネガティブな気持ちを抱いているかもしれません。療育が万能なわけではないですが、やはり療育を通じて困り感が改善していく可能性は大いにあります。「前に**療育施設に通って、こんな面がこんなふうに成長したお子さんがいましたよ」という実例**があれば、積極的に伝えていきたいです。面談の時間をとり、園長などの経験豊富な保育者から話してもらってもいいかもしれません。

「保護者のせいではない」と
伝え続ける

　悲しみや怒りが内側に向かうと、抑うつ的になる保護者もいます。「早いうちから保育園に預けたから」「第一子で育児に不慣れだから」など、自分を責めるようにもなりますが、**子どもが発達障害になったのは保護者のせいではないことは折に触れて伝えて**いきたいです。「お母さん、いつもがんばっていますよね」と応援するような声かけも続けていきましょう。

お母さん、
いつも
がんばって
ますね

池畑先生の**ワンポイント まとめ**

この時期の保護者は周囲への攻撃が強くなり、ほかの保護者とトラブルが起きたり、「○○ちゃんママの様子がおかしい」と指摘があったりするかもしれません。園が間に入ってフォローしていきたいです。

保護者が障害を受け入れるまで

子どもの障害を受け入れられなかった保護者も、やがて紆余曲折を経て、障害に負けずに子どもを育てていこうと思い始めていきます。
ただ、まだ気持ちは揺れ動いていて自信を持っているわけではない段階でもあります。

この時期の保護者の特徴

　子どもの発達障害を受け入れて**「この子をがんばって育てていこう」**という思いが芽生えています。療育施設や医療機関でこれからやるべきことが明確になったり、自分でも情報を集めたりして、発達障害でもほかの子と同じように成長していき、かかわり次第では、特性にもよい変化がみられることも理解し始めています。

保護者の心の動き

　発達障害についての情報も少しずつ学び、子どもの成長も実感し、「誰が悪いわけでもないんだな」「この特性も子どもの個性のひとつとして受け入れていこうかな」と前向きに考えられるようになっています。とはいえ、まだその考えに**自信が持てているわけではない**ので、「やっぱり受け入れるのは無理かも」となってしまうことも。

池畑先生のワンポイントアドバイス

中田先生のらせん形説で述べられるように、適応期まで段階を踏んだと思われた保護者が、ふとしたきっかけで否認期に逆戻りすることもあります。それくらい保護者の気持ちは揺れやすいものなのです。

園と保護者で連携していく姿勢を示す

子どもの個性をのばし、困り感を和らげていくには、どんなことを心がけて育児をしたらいいか保護者も自主的に情報を集めていると思います。園でも「こんなふうに環境を変えてみたら、苦手だったことにチャレンジできました」など、**効果がみられた保育については情報を伝えていきましょう**。もしすでに専門機関への相談や通所を始めているようなら、そこではどんなことをしているのかを保護者に尋ねて、園での保育に取り入れてもいいかもしれません。保護者としても、まだ「この子はうまく社会で生きていけるだろうか」と不安を抱えているはずです。**園と家庭とで連携して、子どもをのばしていく姿勢**を示すとともに、**保護者の子育てを応援しているという気持ち**を伝えていきましょう。

療育の専門家に聞いて試したんですが…

こうしてみては…

〜が楽しかったみたいです

園でもやってみますね!

保育者の疑問・悩み

この段階の保護者に対しては、お友達とのトラブルなどネガティブな情報をどのようなことに配慮して伝えるといいのでしょうか?

池畑先生のワンポイントアドバイス

トラブルそのものだけでなく、今後はどのような工夫をして再発を防止していくのか、前向きさが感じられる保育者の解釈を加えましょう。

家庭での保護者の努力を
ねぎらう

保護者が障害を受け入れようとする気持ちはとても喜ばしく、そのことは子どもの成長にもよい影響を与えると思います。そうはいっても、一気に状況が変わるわけではなく、子どもの困り感はそう簡単にはなくなりません。特に家庭では保護者に甘えたい気持ちあり、園ではあまり出てこない困った面が出てしまうこともあるでしょう。「昨日もかんしゃくを起こして、家で大暴れしました」「偏食が強くて、最近はバナナしか食べません」などの相談を受けることも。そんなときは「保護者のかかわりに問題があるのでは？」と捉えず、**園では見せない面がある**のだと理解し、「大変でしたね」と保護者をねぎらいましょう。

就学に向けて
否認が顔を出すことも

卒園が近づいてくると、保護者は就学健

診や就学相談などに出向き、子どもの就学について考えていく必要があります。そのような節目の時期になると、障害受容に向かっていたはずの保護者の様子が変わることもあります。園ではサポートを受けていても**「小学校でも同じように受け入れてもらえるだろうか」**という不安や、わが子とほかの子の違いを再認識する場面が多いことから**気持ちが揺れ動いてしまう**のです。

小学校では大丈夫かしら…

今度話し合いがあるので先生に伝えますね!

池畑先生のワンポイント まとめ

まれに早い段階から適応期という保護者もいます。ですが、わが子が発達障害だとわかって数年程度では、適応期まで段階が進む保護者は少なく、多くの場合、幼児期は葛藤の大きい時期だということを覚えておきましょう。

保護者が障害を受け入れるまで

ステップ5

再起

子どもの発達障害を受け入れ、悩みは尽きないながらも、自分なりの子育てを続けていこうという気持ちになっています。この段階を未就学の時期に迎える例はほとんどないですが、いずれこういった段階に至るのだと知っておきましょう。

この時期の保護者の特徴

　子どもが発達障害であること、また**自身が発達障害の子を育てる保護者であることを受け入れ、**専門機関など子どもに対するサポートや相談ができる場を見つけ、「親の会」など保護者同士で経験や悩みを共有できるような場も確保しています。同じような状況にある保護者をサポートしたいという気持ちが生まれていることも。子育てを楽しもうとする心の余裕も生まれます。

保護者の心の動き

　障害があることに伴う**特性もわが子の個性のひとつだと思うように。**障害のあるなしは関係なく、わが子にしかないよい部分や才能も見えてきて、そこをのばしてあげたいという思いも。想像していたのとは少し違った子育てではあるものの、わが子と出会えてよかったと思っています。

池畑先生の**ワンポイントアドバイス**

　園児の保護者が、ここまでしっかりと障害受容ができる段階に至ることは少ないでしょう。葛藤が大きい幼児期を経て、おおむね中学生になるぐらいの頃にようやく子どものありのままの姿を受け止められる、とも言われています。

61

「受容」をゴールにしない

　保育者としては、早く保護者が子どもの発達障害を受け入れて、支援していく体制になってもらいたいと思うでしょう、保護者が障害を理解し、サポート体制を整えることは、子どもにとってもメリットが大きいです。ですが、「受容」をゴールにしてしまうと、「否認」や「悲しみと怒り」の段階にある保護者を否定的に見てしまうこともあります。「否認」や「悲しみと怒り」の段階も、やがて受容に向かっていくからこそ通る段階と覚えておくとともに、**在園中の保護者の多くは、まだまだ気持ちが揺れ動いているものなのだ**と受け止めましょう。それだけ障害受容とは簡単に到達するものではないということです。

保育者の疑問・悩み

保護者から「うちの子は大人になって社会に出られるんでしょうか？」と、将来への不安を相談されたときは、どんな答えを返すのがいいのでしょうか？

池畑先生のワンポイントアドバイス

「大丈夫ですよ」と根拠のない励ましは避けたいところです。園長など経験豊富な保育者からうまくいった実例を伝えてもらえるといいです。

100%の受容も、否認もない

ようやく「適応」や「再起」の段階までたどりついたと思っていた保護者が、何かのきっかけで「否認」に戻ってしまうのも決して珍しいことではありません。進学や就職のタイミングなどで「障害のない子どもを育ててみたかった」という思いがひょっこり顔を出すことがあるのです。親子の人生が続いていく以上、100％の受容もなければ、100％の否認もありません。らせん形説で言えば、成長とともにリボンのらせん形が少しずつ小さくなっていき、気持ちが揺れ動くことは減りますが、それでも**ふと「否認」の面が顔を出すことがある**のは覚えておきましょう。

「同じ世界」で 生きていけると伝える

園で子どもを筆頭に自分たち家族が受け入れられているという安心感は、障害受容に必ずつながります。障害があることで、今まで自分たちがいた世界からはみ出してしまい、別の世界で生きなくてはならないイメージを持つ保護者もいます。そうではなく、障害のあるなしにかかわらず、同じ世界で生きていけることを園での保育や保護者とのかかわりを通じて伝えていってほしいです。**「自分たちを受け入れてくれる場がある」という安心感は、卒園してからも親子の支え**となっていくでしょう。

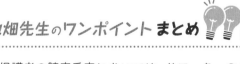

池畑先生の**ワンポイント まとめ**

保護者の障害受容においては、ドローターの5段階説だけでなく、中田先生のらせん形説の両方を覚えておき、照らし合わせていくことで、保護者の気持ちを理解し、振り回されることが減るはずです。

障害受容のため保育者ができること

保護者が障害受容に向かっていくには、園や保育者のあり方も
大きな影響を与えます。どんなことをふまえ、どのように
サポートを行うとよいのか知っておきましょう。

保育者に見える姿が
すべてではない

保育者に対しては「そのうち成長すると思います」と子どもの障害を認めず、気にもとめない態度をとっている保護者が、実はすでに医療にもかかっていて、民間の療育に通っているというケースも十分にありえます。発達障害があると認めて対策をとりながらも、わが子が**「障害のない子」として生活していく可能性**もまだ捨てたくはないという気持ちや、障害が明らかになり、**園の態度が変わるのを恐れる気持ち**があるのです。園で保育者から見える保護者の姿がすべてではないことは心にとめておきましょう。

保護者が受容するものは
障害以外にもある

子どもが発達障害だとわかった後、保護

者が受容していくのは「子どもに障害がある」という事実だけではありません。それによって子どもの人生も想像していたものとは違ったものになるかもしれない、大人になってからもサポートが必要かもしれない、また、保護者自身の人生計画も変わるかもしれません。園として、保育者としてできることのひとつは、**「あなたたち親子を応援しています」という思いを伝え続ける**ことにほかなりません。卒園後もさまざまな壁にぶつかっていく中で、園での経験が支えとなるのです。

こんな時期にはこんなサポートを

保護者の思い

「今はできないけど、そのうちできるようになる」と思っている

自分の子どもだけ特別扱いされるのに抵抗がある

保育者ができるサポート

子どもの困り感に寄り添った保育によって、子どもの成長していく姿を伝えていく。園では発達障害があるないにかかわらず、子どもに合わせたかかわりで成長を促していることを伝える。

保護者の思い

「わが子には発達障害があるから、ほかの子とは同じようにできない」と打ちひしがれる

「地域の小学校に進学できないかもしれない」と不安になる

保育者ができるサポート

保護者の悲しみや怒りには「子どものことを思うと、不安になってしまいますよね」と、理解と共感を示す。適切なかかわりで成長がみられた例や進学後も楽しく学校に通っている卒園児の様子などを伝える。

なるほど…

障害

池畑先生のワンポイントまとめ

子どもが発達障害だとわかると、関係機関との連絡、情報収集など保護者がやらなければならないこと、考えなければならないことが急増します。園ではねぎらいとサポートを心がけましょう。

病気療養中の保護者

子どもにまで手が回らないことも

　園児の保護者の中には、自身が病気療養中という方もいます。特に保育園は、保護者の就労だけでなく、病気などで子どもの保育ができないときにもサポートをする児童福祉施設です。病気療養中の保護者と出会うことも想定しておきたいものです。保護者が病気療養中だと、子どもの世話よりも、保護者自身の治療や加療に意識が向いており、子どもが園でどのようにすごしているか、現在どのような発達段階にあるかなど、ほかの保護者であれば、当たり前のように気にとめることにも関心が持てないかもしれません。子どもへのケアも手が回らず、忘れ物が増えたり、園からの連絡事項の確認に抜けもれが生じたりすることもあると思います。何よりも子どもが精神的に不安定になることもありえます。時として、発達障害にもあてはまる特性がみられるかもしれませんが、それが障害にかかわるものなのか、家庭環境によるものなのかは、見誤らないようにしたいです。

子どものケアは園全体でサポートを

　園としては、保護者が病気療養に専念できるように、子どものケアに関してはできる限りの手助けをしていきましょう。家庭で子どもに手をかけられないぶん、園ではいつも以上に愛情をかけていきたいところです。保育者ひとりではカバーしきれない部分があるようであれば、ほかの保育者や園長とも連携して、園全体でのサポート体制を整えましょう。

タイプ別

発達障害の子の
保護者対応

タイプ別 発達障害の子の保護者対応

1

Aくんは自分が知っていること、発見したことを、誰かに話したくて
たまらないタイプ。「話したい！」という気持ちが強すぎるのを
Aくんママは厳しく叱ることで直したいようですが……。

Aくん

5歳児。クラスのムードメーカー。話したいことがあると、まわりの状況を考えずに話し続けてしまうところが。

Aくんママ

マジメで周囲への気配りを欠かさないタイプ。息子であるAくんの周囲への配慮のなさをなんとかしたい。

静かにしなさいっ!!

Aくんの「話したい気持ちが止められない」一面から、わが子が発達障害なのではと不安を持っているものの、認めたくないと思っている。厳しく叱ることで矯正しようとするが、うまくいかずにいらだちがみられる。

気になるポイント❶

園で保育者やほかの保護者がいる前で、子どもを怒鳴る保護者は珍しいです。それだけAくんの**「人の話に割り込む」「話し出すと止まらない」**という面が気になっていて、**過剰に反応**してしまうのではと推測されます。

あなたはいっつも話に割り込む!!

順番守らないとダメでしょ!!

自分の話ばっかり!

そんなんじゃお友達にきらわれちゃうよ!?

気になるポイント❷

ママに怒鳴られると、Aくんが委縮しているのが伝わってきます。怒ることでAくんの気になる面がママの望む方向に変わっていくとは思えず、それどころかAくんの情緒面に悪影響があるのではと心配です。

こんなときは
どうする？

シーン別 対応のポイント

シーン1

保護者が子どもを 怒鳴っているとき

保護者が園で子どもを怒鳴ってしまった時には、**保護者が気分を変えられるような声かけ、対応をします。**「お母さん、お仕事忙しいんですよね」など保護者をねぎらう言葉でも、「来週の保育参観なのですが」など全く別の話題を出すのでもいいでしょう。保護者がハッとして頭を切り替えられれば十分です。ほかの先生が近くにいれば、子どもをまかせて、「園長がお母さんに用事があるみたいです」と事務室に案内して場所を変えるのでも。園内でも連携をとって、保護者と子どもを一旦離すことができると、怒鳴っていた保護者も我に返って落ち着きます。

毎日お疲れ様です

来週の保育参観ですが…

は っ しゅん…

SMILE

3章 タイプ別 発達障害の子の保護者対応

池畑先生のワンポイントアドバイス

園内で保育者やほかの保護者などの目もある中で怒鳴ってしまうのは、保護者の気持ちが限界に達しているというSOSでもあります。怒鳴ったことは決してとがめず、支援することを心がけたいです。

シーン2

保護者の気持ちを聞くとき

　怒鳴ったその場ではなく、翌日以降の話せる機会でいいので、「Aくんが話し出すと止まらない様子は気になりますか？」と聞いてみます。「心配されていますよね」など、不安な気持ちに共感するよりも、**まずは保護者が自分の気持ちをざっくばらんに話しやすいように質問から始めましょう。**

シーン3

園での様子を伝えるとき

　Aくんのような子は、知識も豊富で、積極的に話してくれるので、活動をするときに盛り上げてくれる存在でもあるはずです。そのようなAくんのよい個性、のばしたい個性は、「今日、園庭で見つけた虫の名前をAくんが教えてくれてみんなもうれしそうでした」など積極的に伝えていきましょう。保護者はAくんが「困った子」だと見られていないか不安を抱いているはずです。だからこそAくんを**ポジティブに捉えていることを伝える**とよいでしょう。

池畑先生の
ワンポイントアドバイス

保護者は、まわりの人からAくんの特性について「親がしっかりしつけないからこうなる」というようなことを言われた経験があるのだと思います。そのため、人前でAくんの特性が見えると「なんとかしてやめさせなければ！」と焦り、怒鳴るのではないでしょうか。

シーン4

家庭での様子を聞くとき

「Aくんが話しすぎてしまうこと」を保護者が気にしているのがわかったら、「おうちでも話が止まらないことはありますか？ そのときはどのように対応していますか？」と尋ねてみます。このような場合、保護者も対応に疲れていて、他人の目がない家庭では、怒ることなくAくんの好きにさせていることも少なくありません。ただ、Aくんの特性に対しては、場面ごとや人ごとに対応を変えるのではなく、**園でも家庭でも同じ対応をとった方が混乱しにくい**ため、家庭との連携が必要です。

シーン5

アドバイスの伝え方

Aくんが「話したくても話してはいけない場面がある」と理解するには、怒鳴る以外の声かけが効果的です。「『今は○○ちゃんが先生と話す番だよ。次がAくんの番だよ』と声をかけたら、○○ちゃんとのお話が終わるまで待つことができました」など、**園で効果があった声かけがあれば、保護者に共有し、家庭でも行ってもらうよう伝え**てみましょう。

個人面談のポイント

面談の準備

　保護者が「Aくんが話を止められないこと」について気にしているのがわかったら、「一度お気持ちをじっくりお聞きしたいので、お時間をいただけませんか？」と**保育者からお願いする形で、面談を設定**します。

聞きたいこと

　保護者として、Aくんに**どうなってほしいのかを聞き出します**。ほかの子と同じように話が聞けるようになってほしいのか、Aくんらしくのびのび過ごしていってほしいのかなどを聞き、それに合わせた対応を、園と家庭で連携していくことを共有しておきましょう。

伝えたいこと

　保護者から「うちの子は発達障害なのでしょうか？」と聞かれた場合は、「年齢にしては幼いと感じるところがある」と正直に伝えてよいと思います。**発達障害という言葉は使わず**、Aくんの特性についてはたとえば「注意の問題」など、具体的な表現をするのが望ましいです。

保育者の学び

「注意の問題」とは、細かいところや大事な情報に注意を払えないことが多かったり、注意力を持続させることが難しかったりする状態をいいます。

専門機関への紹介

医療や療育への紹介は、保護者が希望していなければ、必ずしも行わなくてもいいでしょう。もし保護者が発達障害の可能性を含めて、子どもに対して「ほかの子と違うのではないか？」と気にしているようであれば、「おうちの方が気になるようであれば、専門機関に一度相談されてもいいかもしれないですね」と提案してみましょう。

子どもとのかかわり方

Aくんのように、自分の気持ちが盛り上がりすぎるとまわりが見えなくなってしまうタイプの子には「楽しさの中にルールあり」だと伝えていきましょう。「お話聞いてほしいのはすごくよくわかるよ。でも、今はほかの子と話しているからちょっと待っててね」と、本人の気持ちを汲んだうえでルールを伝えていきます。「ルールは守りなさい！」ではなく、「楽しい時間の中にルールがあることが大事なんだよ」と伝えます。

池畑先生の**ワンポイント まとめ**

Aくんママのような保護者は「自分のしつけが悪いせいでこうなった」という思いの強い方が多いです。だからこそ「しつけのせいではないですよ」ということを重ねて伝えていき、「この子を矯正しなければ」という気持ちが少しでも和らげられたらと思います。

タイプ別 発達障害の子の保護者対応

2

自我が芽生え、周囲への興味が広がるはずの3歳児なのに
気力や感情の動きが感じられず気がかりなBちゃん。
そのことを保護者に伝えても、あまり反応がなく……。

Bちゃん

3歳児。保育の中で何かに興味を示すことがあまりなく、気力が感じられない。大人のお手伝いを待っている。

Bちゃんママ

おっとりしていてマイペース。保育者に対して笑顔で受け答えするが、話した内容はあまり聞いていない様子。

ママがやって
あげるね

こんなタイプ

はじめての育児で慣れないせいなのか、Bちゃんの個性もあるのか、子どもの身の回りの世話を、保護者が先回りしてやっている。また、その状態を保護者自身は問題に感じておらず、人あたりはいいが、保育者からのアドバイスや声かけが響かない。

気になるポイント❶

　本来であれば、3歳頃の子どもは「自分でやりたい」という意欲にあふれているもの。Bちゃんからそのような意欲が感じられないのは気がかりです。**保護者とのかかわりによるものなのか、Bちゃんの特性によるものなのか**、観察を続けていきたいところです。

ほーっ

たまに…でも
食べさせたほうが
早くて。着替えも私が
やってるんですぅ〜

気になるポイント❷

　いろいろと理由や事情はあるのでしょうが、本来なら子どもが自分でやろうとすることも**保護者がすべて先回りしてやってしまっている**ようです。保護者から「自分でできるようになってほしい」という気持ちや困っている様子が感じられないのも気がかりです。

シーン別 対応のポイント

シーン1

園での様子を伝える

「今日はスプーンにおかずをのせて手に
にぎらせてみたら、自分で口に運ぶことが
できました。"すごいね"と声をかけたら
うれしそうでした」「段ボールで電車ごっ
こをするのがとても楽しそうでした」と、
園で「こんなかかわりをしたらうれしそう
だった」「こんな遊びが楽しそうだった」
など保育の中でBちゃんの**気持ちが動く場
面をよく観察して、保護者にも伝えていき**
ましょう。感情が乏しくても、何かしら反
応が見られる場面があるはずです。連絡帳
を使ったほうが状況を細かく説明でき、保
護者も後からじっくり内容を確認できてよ
いかもしれません。

*池畑先生の*ワンポイントアドバイス

園での様子を知っても、すぐに保護者が変化するこ
とはないかもしれませんが、Bちゃんが園で楽しんで、
生き生きと過ごしている様子は伝えていきたいです。
Bちゃんを通じて園と保護者の交流を増やします。

シーン2 アドバイスを伝えるとき

保育者の働きかけによって、Bちゃんが自分で身の回りのことをする意欲を見せたり、感情をあらわにしたりする場面を見ると「おうちでもやってみてくださいね」と保護者にアドバイスをしたくなるかもしれません。でも、保護者からは「私がやっても先生のようにはいきません」「私にはできないと思います」と後ろ向きな答えしか返ってこない可能性が高いです。保護者自身がBちゃんの成長を望んでいて、そこに向けて何かをしていきたいと思ったときにはじめてアドバイスが耳に入るようになるでしょう。その状態まで至っていないときは、**アドバイスしたい気持ちはぐっとこらえて、タイミングが訪れるのを待ちます。**

はぁ〜

おうちでもぜひ!!

シーン3 家庭での様子を聞くとき

家庭ではBちゃんに対してどのようなかかわりをしているのか、親子の間にどんなやりとりをしているのかは、園での対応を考えるうえでも知っておきたい情報です。「おうちではどんな遊びが好きですか？」など、**ほかの保護者に対しても尋ねる内容を同じように質問してみましょう。**

池畑先生の
ワンポイントアドバイス

子どもにしつけをするときには、お互いの気持ちがぶつかりあうこともあるものです。この保護者の場合は、わが子とぶつかるのを避けたいという意図があって、先回りして全部やってあげている可能性もあります。家庭での様子から親子関係がうかがえるかもしれません。

シーン4

保護者自身の話を聞くとき

　このタイプの保護者に関しては、なぜ子どもの自立とは逆方向のかかわりをするのか、子どもが何かを「できるようになる」ことに喜びを感じることができないのか、その背景にある**保護者自身の思いを聞き出すことが重要な**ポイントになってくると思います。ただ、いきなり面談の場を設定したとしても「はじめての子育てなのでよくわからなくて」「子どもが甘えてやらないので」と、のらりくらりとかわされるだけで終わってしまうかもしれません。送迎のタイミングなど、折に触れて声をかけて、信頼関係を積み重ねながら、少しずつ保護者の思いを探っていくしかないでしょう。

池畑先生の**ワンポイントアドバイス**

園や保育者に攻撃的な保護者のほうがやっかいな気がしますが、たとえクレームでも園に要求、要望を伝えてくれると問題の共有がしやすいという点もあります。表向きは友好的なのに、問題を抱えている保護者のほうが対応は難しく、解決までに時間がかかることが多いです。

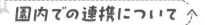

園内での連携について

Bちゃんと Bちゃんママのような家庭の問題を、保育者がひとりで抱え込んで解決しようとするのは、あまりにも負担が大きすぎます。Bちゃんについて、そして保護者について気になる点は園長や主任にも相談し、園全体で対応を考えていったほうがいいでしょう。特に Bちゃんが感情表現が乏しく、受動的であるのは、保護者のかかわりによるものなのか、Bちゃん自身の特性なのか気になるところです。臨床心理士の定期巡回など、園に心理関係の専門家がかかわっている場合は、一度 Bちゃんの様子を見てもらうほか、保護者への対応についても相談し、アドバイスをもらうことをおすすめします。

子どもとのかかわり方

大人のサポートを拒んで何でも自分でやりたがる、いつもキャッキャと声をあげて楽しそうにしているのが3歳児の特徴です。それらが Bちゃんにみられないのがとても気がかりなので、Bちゃんが楽しめること、興味を持てることを探し、たくさん声を出して笑うなど情動を出せるようなかかわりを行っていきたいです。着替えや食事についても、園では自分でできるようなサポートを行っていき、「自分でできてうれしい」と思える瞬間をひとつひとつ積み重ねていきましょう。園でそのような経験をすることで、成長とともに Bちゃん自身が家庭でも「自分でやりたい」と主張するようになるかもしれません。

保護者の対応も気になるところですが、Bちゃんに対しては、成長を促すような働きかけをして、成長がみられたら喜ぶというほかの子と同じような保育を心がけていくのがいちばんだと思います。

池畑先生のワンポイント まとめ

このタイプの保護者は、育児について悩みを相談したり、喜びを共有したりできるような人がまわりにおらず、寂しさを抱えているのかもしれません。その結果、子どもの世話にすべてのエネルギーが向かっている可能性も。園が、育児はもちろん保護者自身が抱えている悩みや本音も受け止めてくれる場であると思ってもらえたら、何かしら変化があるでしょう。

発達障害の子の保護者対応

3

言葉の遅れ、視線が合わないなど、気になる点の多いCちゃん。
保護者とも連携をとって成長を見守るとともに、必要に応じて
専門機関にもつなぎたいのに、保護者と話ができません！

Cちゃん

2歳児。言葉の遅れが
あったり、保育者と目
が合わなかったり、自
閉スペクトラム症と思
われる特性がみられる。

Cちゃんパパ

おとなしく、積極的に
園や保育者とかかわら
ない。送迎には来てい
るものの、園行事にも
あまり参加しない。

ちょっと急いでいるので…

子どもに「気になる」面があることは保護者も気づいているものの、園からネガティブな話を聞かされるのが不安で、保育者から声をかけられるのを意図的に避けている。

気になるポイント ❶

年齢的にまだ決定的な診断はされないでしょうが、**視線が合わない**、**言葉が遅れる**など自閉スペクトラム症にもみられる特性があるのが気になります。もし保護者も同じように気になっているのであれば、早めに専門機関につなげたいところです。

どの色ー？
先生は
赤色かなー

あかいろ
かな

さ、Cちゃん
もう帰ろう

気になるポイント ❷

気になるポイント❶のようなCちゃんの様子について保護者にも共有したいのに、**個別に話をしようとすると**、その雰囲気を察してなのか**逃げる**ように帰られてしまいます。意図的に保育者と会話をすることを避けているのかもしれません。

シーン別 対応のポイント

シーン1

園での様子を伝えるとき

　保護者が保育者と個別に話すのを避けるのは、Cちゃんについて**何かネガティブなことを言われるという不安**からかもしれません。園としてはCちゃんをあたたかく見守って保育にあたっていることを保護者に理解してもらうのが関係改善の第一歩となるでしょう。Cちゃんが園生活を楽しんでいる様子、保育の中で成長を感じる様子を積極的に伝えていきましょう。担任の中で最もCちゃんとのかかわりが多いなど**キーパーソンになる保育者を決め**、その保育者が**こまめに保護者に声かけを行う**ようにすると、信頼関係を築きやすくなります。

1日目　「チューリップの手遊びをしていました」

2日目　「園庭のチューリップを見て歌をうたっていました」

いつもていねいに見てくれているなぁ…

連絡帳・電話・手紙での伝え方のコツ

直接話すのが難しい保護者に園での様子を共有するには、連絡帳がカギになります。上で挙げたキーパーソンとなる保育者は、特にていねいに子どもが園で楽しそうに過ごしているエピソードを書くようにしましょう。「この先生は、しっかりうちの子を見てくれている」と思ってもらうことが大切です。心がけたいのは、「前はこうだったけれど、こんなかかわりを続けたらこういうことができるようになった」など以前と今を比較するような書き方です。継続して子どもを見ていると、保護者に伝わりやすくなります。

家庭での様子を聞くとき

　Cちゃんパパのようなタイプの保護者は、**家庭での様子を知られると、子どもに対してネガティブな評価が強まるかもと不安**を感じているため、家庭での様子を知らせたがらないかもしれません。園での様子を伝えたうえで「おうちではどうですか？」と聞いて、答えがなくても気にしなくて構いません。

焦らずまずは
信頼関係を築く！

お願いごとがあるとき

　このタイプの保護者は、園の保育に対して**反感を持っているわけではない**と思います。持ち物や提出してほしい書類についてお願いがある場合も、「話すのを避けられているくらいだから聞いてもらえないかもしれない」と不安がる必要はないでしょう。むしろ園からの情報はこまめにキャッチしているほうでしょうから、「明日、○○を持ってきてくださいね」とお迎えのときに声をかけたり、連絡帳に書いておいたりすれば、嫌がらずに対応してくれるはずです。

おかえりなさい！
保護者会の出欠、
明日までなので
お願いしますね〜

シーン4

園行事の出欠を尋ねるとき

　自分の子どもが**ほかの子とは少し違うというのに気づいている保護者**は、その事実を目の当たりにするのを嫌がって、保育参観などの園行事には参加したがらない場合も少なくありません。「Cちゃんががんばっているところを見てあげてください」と無理に誘わず、「欠席します」と報告があった際には「わかりました。行事以外でも保育の様子を見ることはできますので、ご希望があれば言ってくださいね」と、ほかの保護者と同じように**サラッと受け止める**のでいいでしょう。

池畑先生の**ワンポイントアドバイス**

保育者は気になる点だけでなく、Cちゃんのいいところも見ていて、そこをのばす働きかけをしているというメッセージを伝えていきたいです。発信の回数を重ねることで少しずつ信頼関係が築かれるでしょう。

個人面談のポイント

面談の準備

この保護者だけ個別に面談の時間を設ける必要はなく、クラス全体で面談を行う際に声をかけます。もし「都合が合わないのでうちはいいです」と言われたら、**深追いせず**に「個別にも時間がとれますので」と声かけを。

聞きたいこと

「Cちゃんのことで困っていませんか？」「ご心配はありますか？」と聞いてしまうと「うちの子がほかの子と違うことに**気づかれている！**」と**身構えてしまう**可能性が。「園での様子について知りたいことはありますか？」と、**誰にでもあてはまるような質問**を投げかけるのがいいでしょう。

専門機関への紹介

このタイプの保護者は、すでに民間の専門機関に相談に訪れていて、家庭での対応についても聞いている可能性があります。園に対して連携を求めると「対応できないので退園してください」などネガティブな反応をされそうで恐れているのかもしれません。早めに専門機関につなげたいケースではありますが、保護者がCちゃんに対して気がかりがあるとわかり「専門機関とつながりたい」と意思確認をするまでは急がないほうが賢明です。

保育者の学び ✏️

保育者も発達障害について学んでいて、個別の対応ができることを知らない可能性もあります。園でCちゃんにどのような対応をしているのか、こまめに伝えて信頼してもらうことが大切です。

池畑先生のワンポイント まとめ 💡💡💡

「Cちゃんに気になるところがある」という共有は拒否感があるでしょうが、「2歳児の育児って、いろいろと大変なことがありますよね」と個人に特化しない形で悩みや困りごとを聞き出せるといいかもしれません。そのためにも少しずつ園や保育者との信頼関係を積み重ねていくことが大切です。

発達障害の子の保護者対応

4

Dくんは遅れて登園する日も多く、食欲のムラや機嫌の悪さなどが
気になります。保護者も多忙なことは理解しているものの、
Dくんのことを考えると、協力をお願いしたくなってしまいます。

Dくん

3歳児。登園時間が日
によってバラバラで、
機嫌が悪いことが多
い。ほかの子にかみつ
くなどのトラブルも。

Dくんママ

夜勤のある仕事をして
いて多忙。ワンオペ育
児なので常に疲れてい
る。園からのお願いご
とにも対応しきれない。

急いでいるから早くして！

子どもに興味・関心がないわけではないが、仕事などで多忙すぎて、子どもに対するこまめなかかわりが難しい。子ども自身にも育てにくさがあるため、生活リズムを整えるのに苦労していて、ますます保護者に余裕がなくなる悪循環が発生している。

気になるポイント ❶

　朝、遅れて登園することが多いDくん。登園してからもぼんやりしていて午前中の活動にスムーズに参加できません。食欲にもムラがあってイライラしていることが多く、衝動的にかみつくなど、ほかの子とのトラブルも。**生活リズムの乱れ**に原因が？

何する？

……やらない

気になるポイント ❷

　保護者は仕事で夜勤もあるようで、かなり**多忙**です。パートナーの協力が得にくく、育児も基本**ワンオペ**なため疲れています。Dくんが楽しく園生活を送れるように協力をお願いしたいものの、**イライラして余裕がない様子**で聞き入れてもらえなさそうです。

早く寝かせたいと思うんですけど…なかなか難しくて…

こんなときは
どうする？

シーン別　対応のポイント

シーン1

家庭での様子を聞くとき

　保護者が子どもの生活リズムを整えられないことが原因で、さまざまな問題が起こっているように見えてしまいますが、**生活リズムの乱れにはさまざまな要因が考えられます**。「保護者に夜勤があって朝起きられないせいだ」「夜遅くまで起こしているに違いない」と勝手に背景を推測せず、「何か困っていることはありますか？」と、**保護者を支援したいという前提**で様子を聞いてみましょう。「子どもが寝てくれない」という悩みは多くの保護者が抱えており、その程度はさまざまです。中には睡眠障害によって夜眠ることが難しい子どもも存在しています。

お仕事お疲れ様です

園だと寝起きが
悪いのですが…おうちでは
どう起こされてますか？

3章

タイプ別　発達障害の子の保護者対応

専門機関への紹介

「夜寝ないこと」について、保護者が困っているようであれば、専門家のアドバイスや支援を受けることで「家庭での努力不足のせいではない」とはっきりし、保護者が安心できるかもしれません。そのような前提を保護者に伝えて、専門機関の紹介を提案してみてもいいでしょう。専門機関とつながることで、Dくんの気になる部分が、生活リズムの乱れのせいなのか、発達障害によるものなのかも見えてきます。

シーン2

友達とのトラブルを伝えるとき

　かみつきやひっかきがあった場合、どのように保護者に伝えるかは園によって対応が異なると思います。かみつきやひっかきをした側の保護者にも伝える場合は、「午睡からなかなか目が覚めず、起こそうとした子にかみついてしまった」と**事実のみ**を伝えます。「睡眠不足でイライラしていたのかもしれません」など、**保育者の推測の域を出ないことはこのときには伝えない**ようにしましょう。

NG!

原因は多分
寝不足じゃー

推測ム

「行事のために早く来て
ください」って、こっちの
都合も考えてほしいわっ

早く！

シーン3

お願いごとがあるとき

　Dくんが遅れてくることによって、クラスでの活動がスムーズにいかないという保育者の本音もあるでしょう。ただ「行事の練習があるから早く来てほしい」などのお願いは、園や保育者の都合を押しつけているだけです。保護者にお願いしようとしている内容が、本当に**Dくんが園生活を楽しむことにつながっているのか**を、常に冷静に考えてから、保護者に伝えるようにします。

シーン4

園での様子を伝えるとき

Dくんが早めに登園できた日には「今朝は、支度もスムーズに進み、園庭でのしっぽ取りゲームでは大活躍でした」など、遅れて登園する日よりも充実した活動ができていることを知ってもらいましょう。登園時間を守るのは**園のルールだからではなく、Dくんのためになる**のだと伝えたいです。「早めに来れてよかったですね」「お母さん、がんばってくれたんですね」と、**保護者へのねぎらいや感謝の言葉も惜しみなく伝えます**。保護者の「それならもう少しがんばろう」という気持ちを引き出すことにもつながります。

朝からすぐにお友達と遊べて楽しそうでした！がんばってくださったんですねありがとうございます！

育児・家事・仕事
Dくんママ
大変だろうな…

ぐったり

シーン5

クレームを言われたとき

Dくんが夜眠れないことについて、「園でお昼寝するせいで眠れない」などクレームを言われることもあるかもしれません。「家庭での問題を園のせいにされている！」と反感を持ちそうになりますが、**クレームを言われたときこそ保護者が何に困っているのかを聞き出すチャンス**です。保護者の気持ちを受け止めたうえで「帰宅してからの過ごし方」を聞くと、保護者が多忙な中でどれだけ努力しているかがわかるかもしれません。園でサポートできることがあれば、提案してみましょう。

3章 タイプ別 発達障害の子の保護者対応

連絡帳・電話・手紙での伝え方のコツ

「子どもが夜寝られない」「朝スムーズに起きてくれない」という悩みは多くの保護者が持っています。園だよりやクラスだよりなどで「保護者の悩み」として取り上げ、どのような対策をしているかも保護者に聞き取りをして紹介してみるのもひとつの方法です。Dくんママにとっても「うちだけではない」とわかるのは安心につながります。近いうちに保護者会が予定されているようであれば、保護者会でのテーマにして、悩んでいる気持ちや困ったときの対策を共有できるといいですね。

就学に向けて

Dくんが「朝起きられない」ことは園ではサポートができても、就学後にはまた課題となってくる可能性が高いです。保護者が専門機関との連携について迷っているようであれば、就学後を見据えて早めに動いておくと、Dくんにとっても保護者にとってもスムーズな就学につながると伝えてもいいかもしれません。また、就学を控えたクラスになってからも登園時間が安定しなければ、就学相談や小学校との連携も想定していきましょう。

子どもとのかかわり方

本人が楽しみにしている活動や遊び、給食の好きなおかずなどをリサーチし、「明日は
Dくんが好きな〇〇やろうね」「明日のお昼ごはんにDくんの好きなオムライスが出る
みたいだよ」などと、子どもが早く園に来れるようなきっかけづくりをしてみましょう。
また、本人が楽しんでいること、好きなことを保護者にも共有し、逆に家で楽しんで
いることも聞き出して園でも取り入れ、Dくんが「保育園が楽しい！」と言ってくれる状
態を目指します。

池畑先生のワンポイントまとめ

保護者に対しては、園が味方であることをていねい
に伝えたいです。そして、園と保護者が対立するの
ではなく、保育者が見つけた子どもについての新し
い情報も積極的に伝え、「子どもの知らない一面を
教えてくれる」という関係が築いていけると、保育
者からのアドバイスも耳に入りやすくなります。

発達障害の子の保護者対応

5

まわりの友達への関心がうすく、興味の範囲が狭いことから
友達とのトラブルが起きやすいEちゃん。保護者は園に対して
攻撃的な態度をとることがあり、連携が困難です。

Eちゃん

2歳児。特定のおもちゃでしか遊ばず、まわりの子への関心も薄い。自閉スペクトラム症のような特性がみられる。

Eちゃんパパ

わが子を溺愛しているのか、トラブルがあると園に対してクレームが。高圧的な態度で話し合いもしにくい。

園のせいだ! 友達のせいだ!

子どもに関してトラブルが発生した際、園の悪いところを探して攻撃し、「うちの子は悪くない」という主張をしてくる。ネガティブな話は聞き入れてくれないため、子どもの特性についても早く連携をとりたいが、なかなかその機会が得られそうにない。

気になるポイント❶

　Eちゃんは普段から特定のおもちゃでしか遊ばず、興味の狭さがみられます。自分のものだと思っていたおもちゃを使った友達を衝動的にたたいてしまいました。友達が泣いていても特に気にとめる様子がなく、自分の作業に集中し続けています。

もしもしお電話代わりま
ちょっと!!
おたくの園はどうなってるんですか!?

気になるポイント❷

　友達とのトラブルについて「悪いのは相手と園」と主張。**自分の子どもにも非があるとは絶対に認めません。**園の対応で気に入らない点があると、父親が出てきて怒鳴ったり高圧的な態度をとったりするため、子どもの気になる点について相談が難しいです。

シーン別 対応のポイント

シーン**1**

気になるところを伝えるとき

具体的に「こういうところが気になります」と伝えるのではなく、「いつも遊びたいブロックがあるのですが、今日は積み木での遊びにも誘ってみました」など、Eちゃんの気になる点について保育の中で**どう対応しているのか、どうかかわっているのかを伝える**ようにしましょう。「おうちではどんな遊びをすることが多いですか？」と、家庭での様子も聞いてみると参考になるかもしれません。

シーン**2**

Eちゃんパパ、
ちょっと
いいですか？

お願いごとをするとき

「個別に話す時間をとってほしい」といった園からのお願いごとも、Eちゃんパパのような保護者は難色を示すかもしれません。ママとは普通に話せるようなら、園とのやり取りの窓口はママにお願いしましょう。また、**園長など管理職の話なら聞いてくれる場合がある**ので園長から話してもらう形にしても。

シーン3

友達とのトラブルを
伝えるとき

　保育の中で友達をたたいてしまった、逆にＥちゃんが友達からたたかれたといったトラブルが発生して、それを保護者に伝える必要があるのなら、「たたいた」「たたかれた」という事実に焦点をあてるのではなく、**どうしてそうなったのか**の予想がつくのであれば、「いつも気に入って使っているブロックがあって、それを友達にさわられるのは絶対に嫌なようです」というように**Ｅちゃんの思いや困り感を伝える**ようにします。保育中のトラブルは園に責任があるのは変わりがないので、「防ぎきれずに申し訳ありません」という**謝罪の言葉は必要**です。

園内での連携について

　Ｅちゃんパパのような保護者からの一方的な攻撃を担任である保育者ひとりが受け止めるのはとても厳しいです。反撃しづらい相手を選んで攻撃しているところもあるので、このような事態が起きたときには、すぐに担任同士はもちろん、主任や園長などにも相談し共有をしましょう。園長のような権威のある相手から連絡をしてもらうと、急に保護者の態度が変わって、何事もなかったように収まる可能性もあります。担任以外からもこまめに声をかけ、園全体でＥちゃんや保護者を見守っていると伝えるのも効果的です。

専門機関をすすめたいとき

Eちゃんに対しては、園でも引き続きどのような特性がみられるのか観察するとともに、それに対応した保育を行っていく必要があります。今後も発達障害と思われる特性がみられた場合、専門機関への相談をすすめたい思いも出てくるでしょうが、おそらくは保護者もほかの子と違った面があるのに**うすうす気づいている**でしょう。それゆえに**子どもの特性にかかわるトラブルに敏感に反応してしまう**のかもしれません。

2歳児であれば、この後3歳児健診が控えているはずです。年齢相応の発達がみられなかったり、発達障害と思われる特性があったりすれば、何らかの対応がとられるでしょうから、それを待ってもいいでしょう。

以前療育に通っていた子の保護者の方から聞いたんですが〜

後日

3歳児健診どうでしたか?

池畑先生のワンポイントアドバイス

Eちゃんパパの高圧的な態度が子どもの育ちに影響していないかは視野に入れておきます。同時にパパ自身も不安を抱えていて、話を聞いてほしいのではないかと想像してみると対応の糸口が見えるかもしれません。

個人面談のポイント

面談の準備

　Eちゃんパパがまだ園に対して言いたいことがあるようなら、一度発散してもらったほうがすっきりするかもしれません。園長から「お時間をつくりますよ」と伝えてもらい、**園長と保護者の面談の場に、担任が同席する**という形が望ましいでしょう。

聞きたいこと

　まずはEちゃんパパが言いたいことに耳を傾けます。それが落ち着いたら「おうちではどんな様子で過ごしていますか？」と家庭でのEちゃんの様子を聞きましょう。じっくり話を聞くと「ほかの子と違うのではと心配している」というような本音が聞けるかもしません。

専門機関への紹介

保護者の希望があった場合には、園から専門機関への紹介を行います。まだ2歳児なので早めに療育とつながることで、就学の頃には発達が追いついてくる可能性もあります。ただ、療育機関とつながれば万事が解決するわけでもなく、継続して子どもとかかわり、成長を見守るなど、園でできることも多くあります。引き続きEちゃんがどのようなことに困っているのか、どのように働きかけるとそれが解決するかは観察を続けましょう。

保育者の学び 🖊

こういった保護者の対応は自分で抱え込まず、園長や管理職の力を借りると、保育者自身は子どもにしっかりと目を向けることができます。ひとりでがんばりすぎず、園内の連携を大切にしましょう！

池畑先生のワンポイントまとめ 💡💡💡

保育者対応に気を取られすぎず、子ども本人の成長に注目していきましょう。「今日はこんなことができるようになりました」「こんなふうに働きかけたら言葉が出てきました」など前向きな成長についての報告も行っていき、両親どちらかだけでも連携がとれるようになっていくといいなと思います。

6

能力にアンバランスな面が見える F くんは就学も近い 5 歳児です。
転入児である F くんについては情報も少なく、保護者との連携が
欠かせないのですが、保護者はわが子への関心が薄そうです。

Fくん

5 歳児。計算問題など
が得意で年齢相応以上
の能力がある。一方で
他人の気持ちを想像す
るのは苦手な様子。

Fくんママ

園に対して非協力的で、
必要なものを持たせな
いことも多い。子ども
の話をしても反応が薄
く、関心がなさそう。

忘れました
今度持ってきます

年長になって転園してきたため、これまでの成長の経緯や家庭の様子についての情報が乏しいのに加え、保護者が園に対して非協力的。子どもの様子を伝えても反応があまりなく関心が薄そう。子どもの気がかりな点について情報共有するのが困難です。

気になるポイント ①

　Fくんの計算能力の高さはとても素晴らしいのですが、ほかの子を押しのけて自分が答えてしまうなど年齢相応でない面も。**保護者からあまり関心を向けてもらえないことが背景にあるのか**、発達障害の傾向があるのか観察を続けたい点です。

え〜〜〜とぉ…

6個だよ!!
こんなの
簡単だし!!

夕方　Fくんママ
最近歯ブラシとコップが入ってないことがあるんですが…

はぁ…

明日は
持たせます

気になるポイント ②

　Fくんに持ち物を持たせ忘れるなど園からのお願いに対応してくれないことが多いFくんママ。Fくんの園での様子などを伝えても反応が薄く、あまり関心を示してもらえません。**ネグレクトの傾向があるかもしれない**と少し心配です。

シーン別 対応のポイント

シーン1

園での様子を伝えるとき

多くの保護者は園での子どもの様子を知りたがるものです。Ｆくんママのようなタイプの保護者は、子どもの様子を伝えてもあまり反応がないかもしれませんが、そこは気にせず、「Ｆくんは計算が得意なんですね。今日はみんなに配る折り紙の数を計算してくれました」など**Ｆくんのいいところ**、そして「つい先に答えを言ってしまうときもありますが、こんな声かけをしたら、友達に順番を譲ることができました」など**Ｆくんが成長を見せたところをていねいに伝えていきましょう**。Ｆくんの特性を実は保護者も気にしていて、対応を悩んでいる場合のヒントになることが。

お片づけの
時間だよー！

先に使って
いいよ！

15枚あるー！

へえ…

池畑先生のワンポイントアドバイス

Ｆくん親子のようなタイプは、社会から孤立させないことがとても大切です。Ｆくんの園での様子を伝えることでコミュニケーションを重ねて、つながりを深めていくことがＦくんにもプラスになります。

シーン2

お願いごとをするとき

　Ｆくんママのように**子どもに関心を持つのが困難な保護者**にとっては、急な持ち物の準備まで気が回らないこともあります。「明日、○○を使いますので持ってきてくださいね」と念押しすることは大切ですが、もし忘れてしまっても**子どもが困らないような対策を園でとっておく**ようにして、忘れたことについては、あえて保護者に伝えないほうがいいかもしれません。

タオル多めに
準備して
おこう…

忘れたの?
これ使えばいいよ

おうちでは
どんな様子
ですか?

どんな
おもちゃで
遊んでますか?

何時に
寝ますか?

イラーッ

シーン3

家庭での様子をきくとき

　ネグレクトの傾向がみられる家庭なため、家庭でＦくんが辛い思いをしていないか気になり、あれこれ聞きたくなる気持ちはありますが、しつこく詮索してしまうと**保護者が警戒して、距離をとられてしまう**可能性もあります。聞くとしても、「Ｆくんは数字が好きですが、おうちでどんなことをして遊んでいますか?」など、ポジティブな内容を心がけるようにしましょう。

シーン**4**

サポートをしたいとき

食事を食べさせる、調子が悪いときは病院に連れていくなど基本的な育児は行っているものの、定期健診や就学に関する手続きなどは手紙が届いても内容を確認していなかったり、確認しても頭に入っていなかったりすることがあります。園のほうで把握できている年齢に応じた健診、手続きなどは「○月に健診があるようですがご存じでしたか？」「どこでやるか場所はわかりますか？」「交通手段は何で行きますか？」「その日はお仕事休めそうですか？」と、ていねいすぎるくらいに確認してみます。「先生、そんなに心配しなくても大丈夫だから！」と保護者から言われてしまうくらいでOK。**「気にかけています」という意思表示が大切**です。

> 健診のお知らせ
> 来ましたか？

> お仕事お休み
> できそうですか？

> このバスだと
> 行きやすいですよ！

> そういえば
> 先生も言ってたな…

健診の
おしらせ

 ### 連絡帳・電話・手紙での伝え方のコツ

子どもについての気になる点や友達とのトラブルについて、直接言うと反感を持たれそうだったり、関心を持って耳を傾けてもらうのが難しかったりする場合は、クラスだよりを通じて伝えるのもひとつの方法です。『5歳児に育ってほしい社会性』のようなタイトルで、年齢相応な社会性について文字やイラストでまとめてみます。見てもらえない可能性もありますが、ふと目にしたときに、わが子に関しての耳の痛い内容よりも、一般的な子どもの様子として読んでもらえるかもしれません。

個人面談のポイント

面談の準備

　5歳児なので卒園後、継続して親子ともどもサポートを受けられるように各所と連携しておきたいところです。保護者の様子を見ながら「就学に向けてご相談したいことがあります」と、**就学をテーマにして面談**を行ってもいいかもしれません。

聞きたいこと

　子どもの特性にもよりますが、就学時に特別支援教育の利用も考えられるのであれば、「**こんな制度もあります**」と提案してみてもいいかもしれません。そのような制度があること自体を知らない場合もあり、「子どものためになるなら」と抵抗なく受けて入れてくれる可能性も。

もし気になるようでしたら
こんな制度もありますよ

Fくんが困らない
ようにできると
いいですね!

専門機関への紹介

ネグレクトの傾向の度合いによっては、親子への支援として、自治体の児童相談所との連携も想定しておいたほうがいいかもしれません。担任だけで動くのは難しいので、園長など管理職への相談、園の看護師などとの連携も必須です。この親子に向けられるあたたかい目やサポートの手は多ければ多いほどよいと思います。卒園や就学をきっかけにサポートが途切れないように、連携が可能な機関とはつなぐようにしましょう。

子どもとのかかわり方

Fくんには、ほかの人の気持ちを想像する力が弱いところが見受けられますが、今後成長していくにつれ人間関係で困ることが出てくると思われます。保護者にその点を気にとめる様子がみられないのであれば、Fくんが衝動的に動いてしまったときに友達の気持ちを言葉にして伝えるなど、保育の中でできる限りのケアをしていきたいです。療育も必要だと感じるようであれば、保護者に個人面談などで伝えてもいいかもしれません。

池畑先生のワンポイントまとめ

どうしても子どもに対しての目配りができない、本人は十分にしているつもりだけど、一般的な保護者と比べると圧倒的に足りない人というのは存在します。決してその点を責めることなく、足りないところは園でサポートしていきましょう。園がこの親子を受け入れているという態度が伝わるのが大切です。

発達障害の子の保護者対応

7

保育者は少し気になるところのある G ちゃん。保護者から
G ちゃんの保育に細かく多量の要求がありました。しかも
保護者が求める保育が子ども本人に合っていないようです！

G ちゃん

2歳児。かんしゃくを
起こす、こだわりが強
いなど自閉スペクトラ
ム症の特性はあるが診
断は受けていない。

G ちゃんママ

神経質な性格で、わが
子が発達障害ではない
かと気にしている。
ネットで収集した情報
に振り回されがち。

言ったとおりにしてください！

わが子が自閉スペクトラム症かもしれないと心配する気持ちはわかりますが、インターネットで集めた真偽の不確かな情報をもとに園にも対応を強要してくる。Gちゃんの個性についても、保護者の神経質な面が影響しているのではと思われる部分も。

気になるポイント ❶

Gちゃんの保育について、連絡帳を通じて細かくたくさんの要求が。できる限り一人ひとりに合った保育を行いたいですが、**あまりにも一方的な要求が多すぎる**うえに、専門家の指示ではなく、真偽不明なインターネット上の情報となると受け入れがたいものがあります。

Gちゃん連絡帳

〜とSNSで心理学の専門家が書いてました。Gの担当の先生を固定せず、いろんな先生に見ていただきたいです。

びっしり!!

ひっ

夕方

着替えはこれを着させてください

くまちゃんイヤ

ねこちゃん着る!!

くまちゃんが着てほしいって言ってるよ〜!?

気になるポイント ❷

子どもの困り感を取り除くことになるのであれば、細かな要求にも対応しようと思えますが、**保護者から求められている保育が、子ども本人には合っていない**様子。保護者自身が情報に振り回されて、子ども本人を観察できていないのではと心配になります。

シーン別 対応のポイント

シーン1

対応を求められたとき

　保護者の過剰な要求の背景には、やはり子どもの発育について不安があるのでしょう。例え保護者から要求された内容が子どもには合っていないと感じても、**一旦は「わかりました。やってみますね」と受け入れることで保護者は安心します。**あくまでも「そういうかかわり方が合っている子どももいる」というひとつの情報として受け取り、確実に保護者から求められた保育を行う必要はないと思います。実際の保育の場面では、保護者から聞いた方法も試してみながら、その子に合わせた保育を行っていきます。

自閉スペクトラム症

将来の不安

モヤ

かんしゃく

周囲の目

モヤ

わかりました
やってみますね

3章

タイプ別　発達障害の子の保護者対応

池畑先生のワンポイントアドバイス

「これはGちゃんには合わないと思います」とは、あえて伝えなくてもいいかもしれません。それよりも、家庭での様子の中で、保護者がそのような対応が必要だと思った場面があったことを理解したいです。

119

家庭での様子を聞くとき

　Ｇちゃんの困りごとについて保護者に「お
うちでは、Ｇちゃんがかんしゃくを起こし
たときはどうしていますか？」など、家庭
でうまくいった対応などを聞いてみてもい
いかもしれません。意外と**保護者自身も園
に要求した対応ではうまくいっておらず、
困っているとわかる**こともあります。「お
うちではどんなことで困っていますか？」
と尋ね、その点にしぼって、園と家庭とＧ
ちゃんに合った対応の案を出し合っていく
のでもよいでしょう。

そういえばネットで
調べたことを実践して
みたけど、うまくいかない
こともあったな…

今日はこうしたら
落ち着いていましたよ!

シーン**3**

園での様子を伝えるとき

　園と家庭で共通して困っているＧちゃん
の様子があれば、「今日園ではこんな声か
けをしたら、すんなり気持ちを切り替える
ことができました」など、**うまくいった対
応を共有していきたい**です。インターネッ
トで調べる情報だけがすべてではなく、保
育者も子どもの困りごとに関しては専門性
のある知識を持っていることも伝えていき
ましょう。

アドバイスを伝えるとき

園ではこのように対応して
もらったらどうでしょう

なるほど…

発達障害の専門家

お話が聞けて
よかったです

Gちゃんママの中に「子どもが発達障害ではないか?」という不安があることは確実だと思います。園や保育者からアドバイスをするよりも、**発達障害の専門家にGちゃんの様子を見てもらい、保護者の気がかりを聞いてもらうこと**が安心につながるのではないでしょうか。折を見て「Gちゃんのことで心配なことがあるようでしたら、一度専門家の話を聞いてみますか?」と提案してみるのもひとつの方法です。専門家から「園ではこのような対応をしてもらうといい」というアドバイスをもらえたら、インターネットからの情報に振り回されて、園に過剰な対応を求めてくることもなくなると思います。

専門機関への紹介

まだ2歳児なので、専門機関に相談しても、発達障害と確定することは、よほどはっきりした特性がみられない限りはないと思います。ただ、2歳は障害の有無にかかわらず揺れ動く時期でもあります。もしかしたら園では見られない保護者だけが気づいている特性もあるのかもしれません。診断が出ないまでも、子どもの個性に合わせて園で心がけたほうがよいことも出てくるでしょうから、そのあたりは園と専門機関、保護者とで連携して保育にあたると、子どもののびのびした成長につながるでしょう。

個人面談のポイント

面談の準備

　保護者からの要求が増えるなど、不安が強くなっていると思われるときには「ご相談の時間をとりましょうか？」と提案してみます。**園の保育に対するクレームのような話も出てくるかもしれません**が、ことあるごとに話す機会は作っておいたほうがいいです。

聞きたいこと

　園の保育へのクレームも、子どもの成長についての不安が隠れていると思われます。「どういったことが不安ですか？」と聞いてみましょう。**障害受容における「否認」の時期**で、わが子が発達障害と認めたくない気持ちから出てくる怒りなのかもしれません。

 連絡帳・電話・手紙での伝え方のコツ

　2歳児の育児は、障害があってもなくても保護者にとっては大変な時期です。まわりの子に比べて言葉が遅い、できていないことがあるなど発達の個人差も大きく、一方で自我の芽生えにより、好き嫌いをするようになったり、たびたびかんしゃくを起こしたりもします。そのような「2歳児の育児の特徴」や保護者へのねぎらいをクラスだよりにまとめてみるのも、保護者の安心の一端となるかもしれません。

子どもとのかかわり方

Gちゃんの特性や困りごとに合った保育を、園や保育者なりに考えて行っていくことはとても大切です。保育者ひとりで対応しきれないときは、先輩保育者や園長などにもどのような保育が適切か相談するといいでしょう。かかわり方によって、年齢相応でなかった面がのびることも多いにありえます。「今日は、このような働きかけをしたところ、新しい遊びにも挑戦することができました」など成長がみられた点は保護者にも報告を行っていきます。

池畑先生のワンポイントまとめ

保護者からのお願いごとは、子どものためになるのであればなるべく対応したいですが、できることにも限界がありますよね。お願いごとの内容が子どもに合っているかどうかを考え、なぜこんなにたくさんの要求をしてくるのか、背景にある保護者の気持ちも汲み取ってあげたいものです。

ちゃんと見てくれているんだなぁ…

いつもありがとうございます

家でもこの前○○ができるようになって…

わぁ！

そうですか！すごい成長ですね！

タイプ別 発達障害の子の保護者対応

8

衝動性が強く、年齢よりも幼い面がある H くんを専門機関に
つなごうと面談を行ったところ、父親と母親で意見が異なることが
判明。両親で足並みがそろわず母親が悩んでいます。

Hくん

4歳児。じっとしていることが苦手。能力にアンバランスなところがあり、年齢よりも幼い面もみられる。

Hくんママ

H くんに対して、発達障害と思われる面があるのではと気にしている。夫は育児に非協力的でほぼワンオペ。

Hくんパパ

H くんの気になる面について、自身にも H くんと似た特性があるため、妻の気にしすぎだと思っている。

「そこへウサギさんがやってきました」

Hくんどうしたの？
紙芝居見ないの？

外で遊びたい！

そっかでもこれから
お昼寝だから起きて
から外で遊ぼうね！

ヤダ!!

外で遊ぶ!

Hくんは衝動性が強く、能力のアンバランスさもあるよう。本人にも困り感があるのに加え、Hくんママは家庭でもかなり苦労していて専門機関への相談も検討しています。一方Hくんパパはそのような状況に無関心。両親で意見が分かれているのが心配です。

気になるポイント❶

紙芝居中に外に遊びに行ってしまうなど衝動性が強く、**集団行動からはみ出してしまう**ことが。園だけでなく、家庭でも同じような場面があり、保護者も苦労しているようです。就学を考えると、今のうちから専門機関にもつながっておいたほうがよさそう。

気になるポイント❷

ママはかなり不安を抱えていて、専門機関とつながるのも必要だと考えていますが、**パパはママと子どもの困り感に一切無関心**で真剣に話を聞いてくれません。パパ自身も子どもの頃にHくんと同じような特性があったため、問題ないと言いますが……。

シーン別 対応のポイント

こんなときはどうする？

シーン1

園での様子を伝えるとき

両親それぞれで意見が異なっていて、保護者の一方はすでに子どもの特性について心配している場合、「今日は紙芝居の時間に、ひとりで園庭に出ていきました。外遊びがしたくなったようです」と、**気になる点をクローズアップするような伝え方をすると、保護者はますます心配になるだけ**です。それよりは「以前は"どうしたの？"と聞いても何も答えませんでしたが、今日は"外で遊びたくなったの"と自分の気持ちを言うことができました」など、以前と比べて**変化した部分、成長した部分を伝えるといいでしょう。

Hくんこんなことができるようになったよ

これもできていたわよ

成長したことを伝えよう！

池畑先生のワンポイントアドバイス

年齢的にもまだまだ発達の途上で、今は気になる部分も、かかわり次第で育っていくということを、心配している保護者に伝えたいですね。同時に無関心な保護者にも、わが子のがんばりを知ってもらいたいです。

シーン2

家庭での様子を聞くとき

　パパが無関心であるならば、家庭ではおそらく**ママがワンオペで子どもの困りごとに対応**しているはずです。家庭では、Hくんのどんな行動に困り感があるのか聞き、「園ではこのように対応しています」という情報があれば提供しましょう。また、家庭での子どもの様子を聞くことで、パパがまったく育児にかかわらないのか、かかわろうとする意思はあるもののうまくいっていないのかも見えてくるでしょう。聞いていくうちにママからパパへの愚痴が出てくるかもしれません。それを聞いて**ママの気持ちを軽くしてあげるのも、保護者サポートのひとつ**になります。

最近H君のおうちでの
様子はどうですか?

いつでもお話
聞きますので
言ってくださいね

じ〜ん

池畑先生のワンポイントアドバイス

一般的に育児において「父親は母親から3年遅れる」と言われています。親になった自覚が芽生えるのも、子どもの成長や個性に合わせた育児を行うのも、母親よりも時間がかかることが多いです。

シーン3

パパと話すとき

ママからパパについての愚痴を聞いていると、「育児に非協力的なパパ」というネガティブなイメージを持ってしまうかもしれませんが、パパが送迎に来たり、園行事に参加したりしたときにはぜひ**パパとも積極的に会話をして、思いを聞いてみましょう**。パパなりに子どもを心配もしていて、子どもとのかかわりについても考えがあるのかもしれません。育児にパパが参加するのも珍しくない社会になりつつありますが、それでもパパが育児について話せる場は、まだまだ少ないものです。保育者との会話がパパにとって育児の愚痴や悩みを聞いてもらえる貴重な機会となれば、**「園の先生が言うなら」**とアドバイスも聞いてもらいやすくなります。

専門機関への紹介

パパと連携がとりにくいママにとっては、子どもの心配ごと、困りごとについて相談できる場が増えるのはいちばんの安心につながるでしょう。パパが「療育なんて必要ない」「そのうち成長する」と言っていても、子どもに関することの判断は、子どもにかかわる時間が長いママに主導権があることが多いです。パパも専門家から子どもの特性や療育の必要性について聞かされると「それならば」と納得しやすいかもしれません。

個人面談のポイント

面談の準備

　パパの立ち位置はどうあっても、園としては**ママと連携**をとってHくんの保育にあたっていきたいです。こまめに話をしていくことも大事ですが、専門機関とつなげるためには、そこに**テーマをしぼってママと面談**の時間を持つのがいいでしょう。

聞きたいこと

　まずHくんについて、**気になる点や今後の心配な点を共有**し、そこが園とママとで共通しているのであれば、「一度専門機関にも相談してみますか？」と切り出してみます。パパとママの意見が一致していないとしても、ママの意思を尊重するのが適切でしょう。

パパがわかってくれなくて…

とりあえず今度、ママだけでもお話聞きましょうか？

はぁ…

よかったら私も同席しますよ

就学に向けて

就学までまだ時間があるので、専門機関に相談し、本人に合ったかかわりを続けていければ、気になる点がうすまっていく可能性もあります。ただ、就学にあたって、やはり本人に困り感があり、支援を受けたほうがよいとなった場合、またパパとママとで意見が分かれる可能性も。そのときに園からも助言やサポートができるように、引き続き園内で連携し、パパとの関係づくりなどを行っていけるとよいでしょう。

育児の中でパパの楽観的な視点が必要になる場面もあるので、ママのサポートはしながらも、決してパパを悪者にしすぎないよう、園ではパパも応援していくことが、子どもへの支援にもつながると思います。

池畑先生のワンポイント まとめ 💡💡💡

療育によって子どもが変化するのを目の当たりにして、パパの考えが変わることも大いにありえます。また、子どもの成長とともに状況はどんどん変わっていくので、今後パパのポジティブな見方が生きる場面も出てきて、少しずつパパとママで差があった足並みもそろっていくかもしれません。

タイプ別 発達障害の子の保護者対応

9

発達障害のある兄がいる「きょうだい児」のIちゃんの保護者は
多忙さもあって、Iちゃんに手をかけるのが難しい状況です。
Iちゃんの不安定さも保護者が気づいているのか疑問です。

Iちゃん

3歳児。発達障害の兄がいて、家庭内が慌ただしいこともあるのか、神経質で、精神的に不安定なところが。

Iちゃんママ

仕事をしながら、発達障害の兄の通学や療育のサポートをしていて多忙。妹のIちゃんまで手が回らない。

お兄ちゃんの
お迎えで…

病気や障害などケアが必要なきょうだいが
いる子は「きょうだい児」と呼ばれ、支援
対象の存在です。Iちゃんもきょうだい児で、
日頃の様子から保護者との愛着形成が不十
分なのではと感じる部分が。保護者の多忙
さもわかるだけに伝えにくさがあります。

気になるポイント❶

　友達とトラブルが続く場合は、その子に何か困りごと
があると考え、背景や原因を探ることが必要です。Iちゃ
んのように**突然トラブルが増えた子は、家庭で環境の変
化がなかったか考えたい**ですが、保護者とのやり取りが
少ないと情報不足でわからないことも。

やだ！
これ
乗るっ！

……

ごめんなさいっ！
お兄ちゃんの
お迎えで急いで
いるので!!

気になるポイント❷

　気になる点がある子は、保護者との連携が欠かせない
ですが、保護者が多忙だとなかなかコミュニケーション
がとれません。**保護者が多忙な背景**がわからないと、子
どもの困り感の解決が進展せず、保育者としてはモヤモ
ヤしてしまうこともあるでしょう。

こんなときは
どうする？

シーン別 対応のポイント

シーン1

保護者の気持ちを聞くとき

　Ⅰちゃんの家庭の状況を知り、本人の様子を見ていると、家庭でさみしい思いをしているのではと心配になります。ですが保護者も故意にⅠちゃんに目をかけていないわけではないでしょう。まずは保護者の日々の苦労をねぎらうことから始めてみましょう。家庭での様子を聞きながら「**お母さんもⅠちゃんのこと気になりますか？**」と投げかけてみます。「そうですね。気になっています」と返ってくるかもしれませんし、そう聞かれて保護者自身がⅠちゃんに関心を寄せていなかったことにハッと気づくかもしれません。

Ⅰちゃんのことで知りたいことありますか？

えっと…大丈夫です…

そういえば…気になるほどⅠのこと全然見れてないな…

池畑先生のワンポイントアドバイス

多忙な保護者なので、ゆっくりと話す時間をとるのは難しいかもしれません。顔を合わせてひとことふたこと話すのもとても大事なきっかけなので、少しずつ会話をする時間を積み重ねていきましょう。

3章　タイプ別　発達障害の子の保護者対応

園での様子を伝えるとき

保護者がIちゃんに手をかけられないところは、**園が親代わりのような気持ちでサポート**していきましょう。「こんな遊びが好きなようです」「目をキラキラさせて取り組んでいました」「片足飛びが3回続けてできるようになりました」など、保育の中で見つけたIちゃんの個性や成長の喜びは、その都度保護者にも伝えていくとよいでしょう。家庭と園とが連携して、Iちゃんの情報をできるだけたくさん共有していくことで、保護者の家庭でのIちゃんとのかかわり方も変わってくるはずです。

連絡帳・電話・手紙での伝え方のコツ

対面でゆっくり話す時間をとるのが難しい保護者なので、日々の保育での様子は連絡帳を通じて伝えるのがいいでしょう。毎日確認するのは難しくても、保護者が時間のあるときにまとめて読むことができます。また、保護者がIちゃんのことで知りたいことや、家庭で困っていることも連絡帳で引き出していけるとよいでしょう。「Iちゃんはおうちではどんな遊びが好きですか？」など保護者へも質問を投げかけてみましょう。

友達とのトラブルを伝えるとき

気持ちの不安定さから友達とトラブルが起きることもあるでしょう。友達を傷つけてしまったことについて、園から伝える必要があれば隠さず伝えたほうがいいですが、聞いた保護者が「私があまり目をかけられていないせいで、友達にやさしくできないのでしょうか」と気にしてしまうことや、Iちゃんを厳しく叱ってしまうことも予想できます。「Iちゃんもお兄ちゃんのことでとてもがんばっていると思うので、園でもできる限りサポートをしていきますね」など、**保護者の安心につながるような言葉を添え**たいです。Iちゃんの気持ちの不安定さについても、家庭と園とで協力して対応していく姿勢が伝われば、保護者も受け入れやすくなります。

Iちゃんにも理由があると思うので優しく聞いてあげてください

はい…

 園内での連携について

Iちゃんの兄も同じ園の卒園児であれば、兄を受け持ったことがある保育者にもかかわってもらうといいでしょう。兄が在園していたときのIちゃんの様子や、家庭の様子なども聞いてみると、保護者やIちゃんとのかかわりの参考になるはずです。また、保護者がお迎えに来たときなどに元担任から「○○くんは元気ですか？」と声をかけてもらうと、保護者も兄の様子を知っている保育者と会えてホッとするかもしれません。

個人面談のポイント

面談の準備

　保護者に無理のない範囲にはなりますが、Ⅰちゃんについて気にかけている様子がみられれば、「**短い時間でも構いませんので、お話しする時間をとりましょうか？**」と声をかけてみましょう。立ち話では出てこない気持ちを聞けるかもしれません。

聞きたいこと

　「**園でお手伝いできそうなことがあれば言ってくださいね**」と、保護者が困っていることを聞いてみましょう。兄のことについては相談できる場があると思いますが、Ⅰちゃん本人のことについては、どこに助けを求めていいかわからないのかもしれません。

ママ、体調は大丈夫ですか？

無理しないでくださいね

面談の時間をとりましょうか？

 子どもとのかかわり方

完全に親や家庭の代わりになることは難しいかもしれませんが、園がⅠちゃんにとって愛情を感じられ、安心できる居場所になることはできると思います。集団の中でⅠちゃんだけを見てあげられる時間や、Ⅰちゃんが困っているサインを送ってきたときにすぐに応えてあげられるような環境をつくっていくのが望ましいです。ほかの保育者とも協力しながら「Ⅰちゃんだけを見てくれる大人」が存在することを伝えていきましょう。

保育者の学び ✏

保護者の事情や家庭の状況を知ると、「もっとIちゃんを見てあげてください」と言うのは保護者の負担になるとわかります。園でIちゃんのためにできることに焦点をしぼると、何かしら対策が出てくると思います。

池畑先生のワンポイント まとめ

「きょうだい児」についての本もたくさんありますので、参考にしてみてください。きょうだい児がどんな気持ちでいるのか書かれた本もあり、読んでみると「こんなふうに感じていたんだな」と気づくこともあると思います。気持ちがわかると、かかわり方も変わってくるのではないでしょうか。

タイプ別 発達障害の子の保護者対応

10

保護者が精神疾患の治療中という場合もありえないわけでは
ありません。保護者の精神の不安定さも気になるところですが
子どもも保護者の精神面に大きく影響を受けていそうです。

Jくん

3歳児。友達に対して
急に怒ったり、ささい
なことで泣いたりと感
情の振れ幅が大きく、
不安定なところが。

Jくんママ

精神疾患があり治療中。
感情コントロールが難
しい。体調も不安定で
持ち物や行事などを忘
れてしまうことも。

保育園を利用するのは、仕事を持つ保護者だけではありません。保護者自身が治療中、障害がある場合も。特に保護者に精神疾患があると、日常的なケアが行き届かないだけでなく、保護者の感情の揺れに子ども自身が日々さらされることになります。

気になるポイント ①

疾患のある保護者は、**イレギュラーな持ち物を用意するのも難しい場合が多いでしょう。**自分だけハンカチがないのがわかって、泣き出してしまうJくんについても、精神的な不安定さがあるのではと気になるところ。普段から注意して観察したいです。

気になるポイント ②

忘れ物について伝えたところ、激しく怒り出してしまったJくんママ。かと思えば、帰宅後には自分の失態を反省してさめざめと泣いています。**短時間でこれだけ感情が揺れる相手の対応は大人でも戸惑うもの。**Jくんにとってはこれが日常なのです。

142

こんなときはどうする？

シーン別 対応のポイント

シーン1

お願いごとをするとき

保育の中で、保護者にイレギュラーな対応をお願いすることもあると思います。Jくんのような家庭に対しては、「できたらで大丈夫です」など予防線を張っておき、「持ってきていただくのが難しいようなら、園にあるものを使いますね」など、**園でも対応が可能だと伝えておく**と、保護者も安心できるかもしれません。無理はさせたくないので、保護者の体調の波なども考えながら、**どうしてもお願いしないといけないことを選んで話す**のもひとつの手段です。

無理しないで大丈夫ですよ

池畑先生のワンポイントアドバイス

なかなか想像しづらいかもしれませんが、発達障害の特性と同じように、保護者にも「本人がやろうとしてもできないことがある」と理解しましょう。保育者が「できなくても大丈夫」という態度を見せると保護者も安心します。

3章 タイプ別 発達障害の子の保護者対応

143

園での様子を伝えるとき

　子どもの成長の様子は保護者にも共有したいですが、保護者のコンディションによっては、人の話がすんなり頭に入るときとそれが難しいときがあると思います。コンディションが悪く、**聞くのが難しそうだと感じるときは、無理に伝えるのはやめましょう。**直接口頭で伝えるのではなく、連絡帳を通じて伝えると、保護者が調子のいいときを選んで後から読むこともできます。

友達とのトラブルを
伝えるとき

　心労やストレスによって症状が悪くなることもあるので、子どものトラブルについて伝えるのは、じっくりとタイミングを選ぶ必要があるでしょう。単に「トラブルがあった」と伝えるのではなく**「このような対応をして解決済みである」ということまで伝えたい**ところです。これも口頭だと「トラブルがあった」というインパクトで後の話が耳に入らない可能性もあるので、連絡帳を通じて、**文字で伝えたほうがベター**かもしれません。

連絡帳や手紙を活用!

 連絡帳・電話・手紙での伝え方のコツ

　園でのやりとりの様子から「調子が悪いのかな？」「気持ちが揺れ動いているのかな？」と感じたときは、無理に話を続けず、降園後や翌日などタイミングをみて電話をかけ、「伝えきれなかったかもしれないので」とフォローしながら様子をうかがってみます。調子のいいときと悪いときがあるので、コンディションがいいときであればすんなり話を理解してくれるはずです。話せないときには連絡帳を活用しましょう。

保護者の話をきくとき

保護者にとっても、Jくんにとっても、気分に振り回されず、**常に安定した対応をとってくれる存在が不可欠**です。保護者から感情をぶつけられたり、短期間で態度がコロコロ変わったりすると、最初のうちは戸惑ってしまうかもしれませんが、保護者の感情の不安定さに振り回されず、「これは自分に落ち度があるために怒っているのではない」と**割り切って、できるだけ冷静に話を聞くようにしましょう**。こちらがぶれない対応をとっていると、相手も次第に安心してきます。

3章　タイプ別　発達障害の子の保護者対応

専門機関への紹介

すでに通院治療をしていて、行政のサポートを受けている保護者もいますが、中には本人の自覚がないままメンタルヘルスの不調を抱えている保護者もいます。第2子以降の出産で産後うつになっている保護者も存在するでしょう。保育者として、時にこうした保護者と出会い、親子ともにサポートを行っていく可能性があることは覚えておくとよいでしょう。保護者のメンタルヘルスの不調に気づいた際に、どこと連携をとり、どのような機関を紹介したらいいのか、あらかじめ園内で確認、共有しておきましょう。

子どもとのかかわり方

常に保護者の不安定な感情にさらされているJくんにとっては、安定した対応をしてくれる大人の存在がとても大切です。Jくんの怒りっぽさに引っ張られて、保育者が同じように気分を乱し、日によって異なる対応をするのは避けたいです。「今日は昨日よりもイライラしているんだね」「何か嫌なことがあって怒っているのかな?」と、本人の感情を言葉にして示してあげることも重要です。そうしてJくん自身が自分の感情と向き合えるチャンスは園にしかありません。乱暴さを怒ってやめさせるのではなく、安心感の弱さや、自分の感情を調整する弱さが背景にあると理解して保育にあたりましょう。

園内での連携について

Jくん親子への対応を保育者ひとりで抱えるのは無理があるので、園全体に情報を共有し、連携していくことが求められます。特にJくんや保護者が精神的に不安定なときには、園長のような存在が対応すると、安心感が大きいと思います。園長や管理職にも積極的に頼っていきましょう。園が一体となって、Jくんと保護者に安定した対応をとっていくことがJくんの健やかな成長にもつながります。

観察していると、だんだん保護者の感情の波が見えてくると思います。「天気が悪くなると感情が乱れやすい」などの傾向がわかることも。かかわり方のコツがつかめるとかなり負担が軽減します。

池畑先生のワンポイント まとめ 💡💡💡

保護者のメンタルヘルスについても最低限の知識はあらかじめ学んでおくとよいですね。精神疾患があっても、治療を続けながら育児をすることは可能です。そんな保護者と子どものことも園で支えていく必要があるのだと知っておき、心当たりのある保護者と出会ったときには対応できるようにしておきましょう。

家庭環境に合わせたサポート

家族環境によって、支援にあたって何を注意したらいいのかは
異なってきます。ここでは主に園とかかわるのが誰なのかで
サポートの際に気をつけたいことを紹介します。

❶夫婦で協力している家庭

父親と母親で見解が異なる場合も

　保育園を利用するのは共働き家庭が圧倒的に多いですが、このごろは日々の園への送迎など育児も夫婦で分担して協力している家庭が増えています。園から提供される情報も、夫婦で共有していると思いますが、**気にとめるポイントがそれぞれの親で異なることもある**でしょう。子どもに気になる点について伝えたときに、母親からは「実は家庭でも気になっていたんです」と共感する反応がある一方で、父親は「僕も子どもの頃はそんな感じでした」と楽観的な反応で終わってしまったり、話したことを忘れてしまったりと温度差を感じることもあるでしょう。ただ、目指すところさえ一致していれば、**子どもにとっては多種多様な大人がかかわるメリットもある**と思われま

す。気になる点がある子どもについては、**可能であれば両親と面談**の時間を持ち、専門機関とつながるのか、一旦は成長を見守るのかを決めましょう。

❷主に母親が園とかかわる家庭

父親との関係づくりも心がけたいです

　今となっては「子育ては女の仕事」は時代遅れも甚だしいですが、それでも両親のうち母親が育児の大半を担っていて、**園とのかかわりもほぼ母親だけ**という家庭は少なくありません。その流れで母親が育児において主導権を握っているなら、何かあれば母親と相談を進めればよいのですが、「日々の世話は母親がやるが、**重要な決定権は父親が握っている**」というケースもありえます。そういった家庭は、園行事などで父親が園に顔を出した際に積極的にコミュニケーションをとり、「**あの園の先生が言うなら**」と父親に思ってもらえると話が**スムーズ**に進むでしょう。母親は父親からの育児への協力を得にくく疲弊していると思われますので、日々の苦労をねぎらう

とともに、父親に対して「お父さんと一緒に登園できて、○○ちゃんもうれしそうですね」と伝えるなど、育児参加をうながすサポートもできるといいでしょう。

> Hくん、パパのお迎えうれしそうですね!
>
> 行けるときは送り迎えするよ

池畑先生のワンポイントアドバイス

子どもの気になる点について母親は専門機関と相談したいのに、父親が反対するケースも。その場合は母親の意思を尊重します。専門機関から父親にはどう対応したらいいかのアドバイスもあるはずです。

❸主に父親が園とかかわる家庭

共有してほしいことは連絡帳に

　仕事内容によっては母親よりも父親のほうがフレキシブルに動ける家庭もあり、父親がメインになって園への送迎を行っていると、園が日々コミュニケーションを取り、子どもの様子を伝えるのは父親になります。ただ、**母親も園に顔を出す機会が少なくても、子どもへの関心は父親と同等に持っている**でしょうから、家庭で共有してほしいことについては、**連絡帳**に記入し、母親とも共有しやすくすると伝達もれや行き違いが少なくなるでしょう。母親が都合をつけやすいタイミングに個人面談の時間を持つなど、母親とも個別にコミュニケーションがとれるとそれぞれの考えの違いなどを知ることもできます。また、**父親のみのひとり親家庭のケース**もあると思います。**子ど**

もが女児だと性別の違いから子どもへの対応に悩む場面も多いでしょうから、そのあたりも**保育者からサポート**していくようにしましょう。

トイレトレーニングについてお話したいのですが…

トレーニングパンツなどを利用して…

*池畑先生の*ワンポイントアドバイス

園にあまり来ることがない母親からすると、同年齢の子どもを見る機会が少ないため、「○歳児はこんな時期です」と、同年齢の子どもの育ちをクラスだよりで紹介すると安心につながるかもしれません。

❹祖父母が園とかかわることが多い家庭

伝えたいことは直接保護者に

　両親ともに多忙、ひとり親家庭などの事情から、**主に祖父母が園への送迎**を行う家庭もあります。子どもの気になる点などは、祖父母に伝えると必要以上に深刻に受け止められてしまったり、保護者の育児を批難したりすることにつながる可能性も否めません。**伝えたいことがある場合は、連絡帳や電話で保護者に直接伝える**ようにします。じっくりと相談したい内容は、都合のつけやすい日時に個人面談の時間をとっても。

ママに確認したいことを
連絡帳に書いていますので
お伝えください

ハイ
ハイ

❺ファミリーサポートが園とかかわることが多い家庭

子どもの特性への対応は
共有しても

　園からの伝達事項、子どもの気になる点についての相談は**連絡帳や電話などで保護者に直接伝える**ようにします。日頃から子どもと接する時間が長いファミリーサポートであれば、「○○くんは急な予定変更が苦手なので、園ではこのようにしています」と、子どもの特性や困り感に対する園での対応を情報共有しておくと、子どもに合ったサポートをしてもらいやすくなります。

トイレに寄ってから帰ると
落ち着くみたいです
あとはママに電話しますね

これからのインクルーシブ教育

すべての人が「同じ場」で学ぶ

　「インクルーシブ」とは「包み込む、包括的」という意味を持つ言葉です。これまでの教育の現場は、障害のある子は、その障害の内容や程度によって、分かれて教育を行うものだとされてきました。そうではなく、障害のあるなし関係なく、同じ場でともに学ぶことで、共生社会の実現を目指していくことが、2006年に国連総会で採択された「障害者の権利に関する条約」で示されました。日本でも2013年にこの条約に批准しています。障害のある人も一般的な教育制度から排除されず、自分が生活する地域の学校で必要な「合理的配慮」の提供を受けられること、それぞれの教育的ニーズに応える指導が提供できる「多様な学びの場」用意することなどが必要とされています。これは発達障害のある子、診断は受けていないが気になる子の園生活にも同じことが言えます。加配をつけるのは「あの子だけ特別扱いでズルい！」のではなく、「合理的配慮」を受けることで、みんなと同じ場で生活ができる、社会でともに生きていけるということなのです。目が悪いからメガネをかけるのと同じことです。

園での経験が社会を変えていく

　多様性の時代と言われる現代、今の園児たちが大人になる頃には、人種も、宗教も、性別も、障害も、趣味趣向もバラバラな人たちがともに生活していくことになるでしょう。園児の頃から「インクルーシブ」な環境で育った子どもたちは、自分と「ちがう」人を排除せず、一緒に生活するすべを知っている「共生社会」を推進する担い手となってくれるはずです。障害のある子やその保護者が将来を悲観しなくてもよくなるためにも、園児のうちから「インクルーシブ教育」を実践することが将来につながってくるのです。

4章

各所との
連携のコツ

園内の連携

気になる子やその保護者をサポートしていくには、園内で情報を共有し、連携していくことが欠かせません。スムーズな連携のためにはどのようなことを心得ておくのがよいでしょう。

「あたたかく見守る」雰囲気づくりを

　気になる子や保護者のサポートのために、なぜ**園内での連携が必要**なのでしょうか。それは、子どもや保護者と**接するのが担任の保育者だけではないからです**。園全体を見守る園長などの管理職はもちろんですが、別のクラスを担任する保育者も延長保育などでその子の保育を行う機会があるかもしれませんし、園内で顔を合わせることもあるでしょう。普段どのようなことでその子が困っているのか、担任がどのような点に配慮して接しているのかを知っておくと、園内の誰が気になる子本人や保護者と対応するときにも、同じようにかかわることができます。

　また、園のすべての保育者が気になる子の存在を知っておくことで、**「園全体であたたかく見守っていこう」という雰囲気が出てくる**はずです。子どもも安心して園に通うことができますし、その様子を見て保護者も安心して園に預けることができます。

多くの人の知恵で よりよい保育に

気になる子や保護者と接するのは、予想外なことも多く、経験がある保育者でもなかなか骨の折れるものです。自分ひとりで抱えてしまうと、精神的にまいってしまうこともあるでしょう。気になる子と接するときこそ、精神的・体力的な余裕が必要です。だからこそ、**ひとりで抱え込まずに園全体で連携していくことが大切**なのです。

特に保護者への対応は、**経験豊富な園長や先輩保育者の知恵を借りる**とうまくいくこともあります。子どもへの対応のしかたも、自分以外の保育者が「この本にこんな事例が載っていましたよ」「前に似たような子にはこんな働きかけで効果がありました」と、ヒントをくれる場合も。ひとりで思い悩むより、さまざまな人の知恵も借りながら、その子にいちばん合った対応にたどりつくのが大切なことです。頼れる人は積極的に頼っていきましょう。

なるほど…

3歳のときは ○○が好きだったよ

前にいた子は ○○すると落ち着いたよ

いい本があるよ

池畑先生の ワンポイント まとめ

保育者自身が落ち着いて保育に取り組むことが、子どもや保護者の支援においてもよい結果に結びつきやすいです。どんどん園内で連携していきましょう！

園全体の連携で子どもや保護者をサポート

園のいろいろな立場の保育者、人物とどのように連携を
とっていくのがいいのか、よりよい連携のために
共有するべき内容を知っておきましょう。

❶クラス内の情報共有や支援体制

担任同士の連携で早期発見も

クラスの子どもたちを同じ目線で見ることができるのが、一緒に担任を受け持つ保育者です。子どものことで**「あれ？」と気になったことがあれば、それがささいなことであっても担任間で共有**しておきましょう。「私も気になっていました」と、別の担任も情報を持っていれば、気になる子がどんな場面で困っているかがわかってくるかもしれません。

連携すると、より子どもに合った保育に

気になる子の困り感にどう対応していくかについても、**クラス担任全員で共有**して

いきましょう。「前回こういうトラブルが起きてしまったから、次はこうしましょう」「この対応は○○ちゃんに合っているようなので続けていきましょう」など、トラブルの反省点や本人に合った対応も含めて報告と相談を重ねていくことで、より子ども一人ひとりに合った保育がわかってくるでしょう。これは気になる子を含めて、すべての子が生き生きと園生活を送るためにも心がけていくことかと思います。

そういえば○○ちゃん今日は落ち着きがなかったわ

トラブル発生も防げます

担任が連携して気になる子の保育にあたることで、例えば集団での活動においても「ひとりが全員に向けて説明をしている間に、ほかの先生は気になる子のそばに行き、説明のフォローを行う」など、**役割分担が可能になります**。ひとりでは目が届かないときにも、ほかの担任がサポートに入れることは子どもの安心感にもつながり、**トラブル発生の防止にもなる**でしょう。

ほかの子どもも助け合う雰囲気に

担任同士が互いに協力し保育にあたっているという雰囲気は、クラス全体にもよい影響を与えると思います。「みんなが支え合って、気になる子を助けていく」という保育者の様子を見て、**ほかの子どもたちも手助けをしてくれる**ようになるかもしれません。「困っている友達は、こうして助ける」と知ることは、子どもたちにとって何よりの**インクルーシブ教育**でもあります。

こっちだよー

池畑先生のワンポイント まとめ

気になる子と相性のいい保育者がいれば、その保育者が中心となってかかわりながらも、保育の方法は担任同士で意見を出し合うことも可能です。保育者ひとりに負担をかけない保育を心がけましょう。

4章　園全体の連携で子どもや保護者をサポート

❷他クラス、他学年との連携

交流の時間も楽しく過ごせるように

　他クラスや他学年と一緒に活動する異年齢保育や、交流の時間には、気になる子の保育に他クラスや他学年を担任する保育者がかかわることになります。普段**どのような場面で困りがち**なのか、**どんな言動がみられる**のかなど保育のポイントを**あらかじめ共有しておく**と、一緒に活動する際には、他クラス、他学年の保育者にも気になる子に合わせた保育をしてもらえます。

　気になる子は、普段と異なる環境を嫌がる場合も多いと思います。一緒に活動する保育者とも協力し、**気になる子が参加しやすい環境づくり**ができると、苦手なことや嫌なことを少しでも軽減することができ、「できること」の幅を広げていけるのです。

進級時には次の担任とも連携を

　進級時には、次に担任となる保育者と引継ぎの時間が持たれると思います。ていねいな引き継ぎを行うことで、気になる子の進級後の不安を少しでも取り除くことができます。「**個別の指導計画**」など、これま

での経過がわかる資料を見てもらいながら説明すると伝わりやすいです。子どもだけでなく**保護者についても、特徴や話をしやすいタイミングなどを伝えられる**と、切れ目のない保護者支援につながっていきます。

触れられるのが苦手と子どもたちに伝えてください

4歳児担任

3歳児担任

5歳児担任

了解です

❸延長保育や休日保育時の支援体制

担当保育者とは事前に顔合わせを

延長保育や休日保育では、担任とは違う保育者がかかわるのがほとんどです。また、同じクラス、学年の子どもだけでなく、他クラス、他学年の子どもたちと合同で保育が行われるなど、気になる子にとっては普段とは違った環境で生活することになります。園によっては、延長保育や休日保育のみ勤務する時間外保育者が担当することもあり、保育者同士が顔を合わせる機会が少なく、子どもの様子について共有しづらい場合もあるかもしれません。そのような場合でも、個別に時間をとってもらうなどして、気になる子の保育について、クラスの中ではどのようなことに配慮しているか伝えておきましょう。**普段と違う環境でも、いつもと同じように生活することができるのは、子どもにとって大切な要素**です。気になる子が、スポットで延長保育や休日保育に入るときには、**あらかじめ子ども本人と担当する保育者が顔を合わせる機会をつ**くっておいてもいいかもしれません。

保護者が安心して利用できる関係づくりを

保護者によっては「延長保育や休日保育をお願いしたら、子どもが園に迷惑をかけるに違いない」と考え、預けなくてもすむように仕事などを調整しているかもしれません。**気になる子の保護者は、「自分が我慢してなんとかしよう」と考える場面が多い**ものです。延長保育や休日保育を利用できるという選択ができれば、仕事の調整をするという負担の軽減につながり、ひとつの保護者支援になるのです。

今度の土曜日、どうしても仕事を休めなくて…

無理せずいつでも相談してください！

❹ほかの子どもへの配慮

すべての子に心地よい保育を

　気になる子がほかの子をたたいたり、押したりすることもあるでしょう。気になる子によって、ほかの子が不用意に傷つけられるのは、避けなければならないことです。また、気になる子が生活しやすいように、困り感が少なくなるようにと配慮を行った結果、**ほかの子に目が届かなくなってしまったり、無理を強いたりすることも好ましい保育とはいえません**。もし気になる子に目をかけることで、保育の手が足りなくなるのであれば、やはりここでも園内での連携が生きてくるのだと思います。園内で連携し、必要な場面ではほかの保育者の手を借りることが、気になる子だけでなく、すべての子どもが心地よい園生活を送れることになります。

気になる子への配慮は ほかの子にもプラスに

　例えば「散歩に出かけるときに他児とのトラブルが起きやすい」のであれば、なぜそこでトラブルが起きるのか背景を考えていくと、「下駄箱でほかの子がいると自分の靴が取れずイライラしてしまう」と、原因がわかる場合も。「数名ずつのグループで順番に靴を履き替えにいく」という形にすると、気になる子と他児とのトラブルが起きにくくなるだけでなく、全員がスムーズに靴を履き替えられるようになるかもしれません。**気になる子をきっかけに、実はほかの子も困っていた保育を見直すことができる**のです。

子どもも一緒に支援を考える

保育者がサポートしているのを見て、気になる子を手助けしようとする子も現れるかもしれません。保育者だけでなく、クラス全員で気になる子が過ごしやすい環境を考えてみる時間を持ってみてもいいでしょう。ただ、気をつけたいのは、**気になる子を「みんなから助けてもらう立場の子」に固定しないこと**です。絵を描くのがうまい、昆虫についてくわしいなど、その子が才能を発揮し、「すごいね！」とほかの子から称賛される場面もつくっていきましょう。もちろん気になる子だけでなく、クラスの**全員が得意分野で活躍できる**ことがとても大切です。一人ひとりがのびのびと個性を発揮でき、互いに認め、尊重できる関係こそが、一人ひとりが輝ける社会の礎となります。保育者はそれぞれの子どものよいところに目を向け、個性をのばせるよう援助していきましょう。

気になる子との生活は就学後も生きる

そうして「気になる子」と一緒に過ごした経験は、子どもが卒園してからも活きていきます。小学校で気になる子と同じタイプの同級生がいたときにも「○○くんと似ているな」と気づき、クラスメイトとして**受け入れるのに抵抗がないだけでなく、サポートもできる**かもしれません。また、気になる子と同じ小学校に進学する子が「○○ちゃんは大きい音が苦手なんだよ」などと、困った状況になったときに、周囲に説明ができるかもしれません。気になる子にとって、切れ目のない支援につながるばかりでなく、**真の意味でのインクルーシブ教育**となるでしょう。

池畑先生のワンポイント まとめ

気になる子だけ特別扱いにするのではなく、気になる子を含めて、子ども全員が居心地のいい保育を考えていくことが、結果的に気になる子にとっても困り感の少ない保育につながるのです。

❺ほかの保護者への対応

「気になる子」に対して苦情が出たら

子ども自身が園での様子を言葉で話せるようになると、保護者から「○○ちゃんから嫌なことを言われたと聞きました。○○ちゃんとかかわらないようにしてください」など、**気になる子について苦情が出てくる**かもしれません。そのようなときは「こちらの目が届かずすみません」と**謝ったうえで**、言われたほうの子と言ったほうの子に、それぞれどのような声かけをしたのか、そして今後再発を防ぐためにどのようにしていくのか、**保育者として、しっかり対応をしていることを伝えないと**、やがて保護者同士で「あの子は友達に暴言を吐く困った子」という情報が行き交い、**気になる子やその保護者が孤立する**ことになってしまいます。

ぶつかり＝トラブルでないと伝えたい

ケガがないよう注意していくことはとても大切ですが、子ども同士は、感情をぶつけあうことを繰り返しながら他者とのかかわりを学んでいく過程も必要です。それは

気になる子がいるクラスでも同じです。保護者に「うちのクラスには乱暴な子がいるからトラブルが多いのだ」と受け取られないように、**ほかの子とのかかわりについてどのような段階にあるのか、園としてどのように見守って保育をしているのか**は、クラスだよりなどを通じて伝えてもいいかもしれません。

1. 謝罪

目が届かず
すみませんでした

2. 経緯の説明

〜という理由があって
○○してしまったようです

3. 対応策

友達の悲しい気持ちを伝え
理解できるようにしていきます

4. 保育方針を伝える

友達とぶつかりながら、社会性や他者との
関わりを学んでいる過程とご理解ください

園の保育方針を重ねて伝える

今の世の中では、どのような人も排除しない、取り残さない「インクルーシブ」な社会に進んでいます。保育の現場においてもそれは同じです。さまざまな性格、性質の子どもがいて、時には困りごともあるかもしれませんが、子どもたちにはそれを学びとして、社会にはいろいろな人がいることを知っていってもらいたいものです。園やクラスとして、そのような考えのもと、「**どの子も排除しない、特別扱いをしないクラスづくりをしていく**」ということは、入園時や進級時に園長からの話や園だより、クラスだよりを通じて保護者全体に伝えておくといいでしょう。保護者からの苦情の背景には、当然ながら子どもへの心配があると思います。その気持ちはしっかりと受け止めながらも、園としてはそのような考え方に基づいて保育を行っていることを折に触れて伝え、少しずつ理解していってもらいましょう。

特性を公表することは慎重に考える

「気になる子」の保護者から「うちの子の特性について、あらかじめクラスの保護者の方たちに知ってもらいたい」と希望が出ることがあるかもしれません。在園年数が長く、園のインクルーシブ保育の方針も浸透していて、ある程度クラス内の保護者の関係性ができている状態であれば、伝えることでほかの保護者からの応援の声やポジティブな反応があるかもしれませんが、**入園して間もない状況では、思いがけない誤解を生む可能性も**ありえます。気になる子の保護者とも話し合いながら、**慎重な対応**をしていきましょう。

池畑先生のワンポイントまとめ

気になる子についての保護者からの苦情の背景には心配があるのでしょう。その気持ちはしっかり受け止めながら、園がどのような方針で保育を行っているかは、折に触れて説明し、理解を深めてもらいましょう。

「個別の指導計画」作成のヒント

「気になる子」の成長を導き、困り感を軽減していけるような
保育を行うためには「個別の指導計画」の作成が役立ちます。
どのような点をふまえて作成していくのか知っておきましょう。

担任が中心となって作成する

「気になる子」に本当に合った保育をしていくためには、どのような方針で、どのようなねらいを持って指導していくのかを明確にする必要があります。それを書面にまとめたのが「**個別の指導計画**」です。クラス担任が中心となり、園長や主任などの管理職、また園によっては特別支援コーディネーターも連携しながら作成を進めていきます。

「個別の指導計画」を作成しておくと、日常の中で**どのような支援を行っていくかが明確になり、保育のねらいもはっきりします**。また、行った支援がうまくいったのかどうかの振り返りをすることで、さらに子どもに合った支援を進めることができます。作成した「個別の指導計画」を共有することで、かかわる保育者すべてが、子どもに対する理解を深めていけるでしょう。

何度も見直して改善していく

指導計画については、最初から完璧なものを作ろうとしなくて構いません。最初に作ったものに**新しい情報をつけ加えたり、内容を見直したり**していきます。何度も振り返り、改善していくことで、対象となる子どもへの理解も深まりますし、成長を感じることができます。また、主には担任である保育者が作成しますが、対象となる子どもにかかわるほかの保育者の意見も聞き、取り入れていくといいでしょう。考えが固定化されず、視野も広がりますし、ひとりでは思いつかなかったような対応が見つかるかもしれません。

作成にあたって心がけたいのは、できるだけ**具体的に書くこと**です。実際に起きたエピソードなども細かく書いておくと、課題や対応につながりやすいです。そして、作成した指導計画の活用についても決めておきたいところです。どんな場面で誰に共有するのか、対象となる子どもの就学の際にはどのように取り扱うか、園内で話し合っておきましょう。

池畑先生の**ワンポイント まとめ**

「個別の指導計画」の作成にあたっては、日誌を振り返ってみるなどして、その子にどのような支援を行ってきたのか、それはどんなことがきっかけだったかを洗い出してみましょう。

「個別の教育支援計画」について

「個別の指導計画」とは別に「個別の教育支援計画」があります。「個別の指導計画」は保育や教育の現場で、対象となる子どもに対して適切な指導を行うために、園や学校が作成します。これとは別に「個別の教育支援計画」とは、対象となる子どもの乳幼児期から学校卒業まで切れ目のない支援が受けられるように、その子の成長記録や、どのような指導を行ってきたかをまとめたものです。作成は保護者や関係機関が連携して行い、子どもの進学先にも引き継がれていきます。

まずは日々の記録から始める

「個別の指導計画」の作成を始める前に、最初は**日々の記録や気づきをメモする**ことから始めてみましょう。保育中に起きた出来事について、対象となる**子どもの視点に立って、子どもがどう思って、何を感じていたのかを想像して書き出してみる**のです。そうすると、保育者の目から見て「こんなことがあって対応が大変だったな」と感じていた出来事が、子ども目線で見ると「こんな嫌なことがあって困っていたのかも？」と気づくことができます。それは、子どものよりよい成長につながる保育がどのようなものか考えるきっかけになります。

短期目標、長期目標を定める

「個別の指導計画」には決まった項目はありませんが、必ず行いたいのが課題やねらい、配慮や指導について効果がみられたのかの**評価**です。**評価から次の課題を見出し、解決のための配慮や指導を考えます。**また、「短期目標」と「長期目標」は立てておくといいでしょう。「長期目標」は卒園までなど年単位で達成を目指したい目標を、「**短期目標**」は1か月〜数か月程度の期間で目指したい目標を定めておき、**日々の保育でクリアしていく課題**を見つけます。自治体で幼稚園児や保育園児向けのフォーマットがあれば、それを活用しましょう。

PDCA サイクルによる見直しを

「個別の指導計画」は何度も内容を見直し、改善を繰り返すことが重要な資料です。支援の内容を計画し、実施し、その内容や結果を評価したうえで、次のステップに向けて改善していく流れを、一般に Plan（計画）、Do（実施）、Check（評価）、Action（改善）の頭文字を取って、PDCA サイクルと言います。PDCA サイクルを意識して、「個別の指導計画」をよりよい形にしていきましょう。

P（計画） どのような指導・支援を行うと、子どもにとっての現在の課題が解決に導かれるか、具体的な方法を考える

D（実施） 考えた指導・支援を実際に行ってみる。後からの評価につながるように、子どもの反応をよく観察しておく

A（改善） 評価を受けて新たな課題、目標を決めるとともに、それに合わせた指導・支援について検討する

C（評価） 指導・支援を行った結果、子どもはどんな様子だったのか、何か変化は見られたのか、そうなった原因も含めて考える

「個別の指導計画」作成例

クラス ○○組	子どもの名前	担任名	園長名	作成年月日

発育の状況

・3歳児健診で発達について相談するも特に異常なしと言われる
・保護者からは、かんしゃくが強いとの相談あり

好きなこと・得意なこと ・虫や動物を観察すること ・虫や動物についての絵本、図鑑を読むこと	苦手なこと・配慮が必要なこと ・楽しんでやっていることを止められるとパニックになる ・新しい出来事や場所に対して不安が強い

長期目標(卒園まで) 集団での遊びに楽しく参加できるようになる	短期目標(今年度後期) 楽しめる遊びをひとつでも増やす

健康・生活	・感覚過敏があり、着替えを嫌がることがある ・おおむね元気だが、体を動かすことに夢中になりすぎて疲れることが
運動	・三輪車がこげるようになった(○年○月) ・ボール遊びを怖がりやりたがらない
ことば	・語彙が豊富で、言葉の遅れはみられない
コミュニケーション	・相手に対して一方的に話を続けてしまうところがある ・友達とかかわりたい意欲はみられる

就学に向けた支援・就学支援シート作成のヒント

気になる子の就学が近づいてきたら、保護者だけでなく
就学先や関係機関と連携を取っていきます。子どもと保護者が
不安なく新しいスタートを切れるような支援が必要です。

❶保護者への声かけ・必要な対応

就学相談について案内をする

子どもの就学先を決定するのは保護者ですが、気になる子の就学にあたっては、**就学前に教育委員会など関係機関への相談や連絡を細かく行う**ことで、子どもにとってスムーズな学校生活のスタートにつながります。子どもの就学が近づいた保護者に向けて、そのような案内を行うことや、保護者から質問があった際に答えたりするのが園にできるサポートです。気になる子の就学にあたっては、まず保護者に入学後にどのようなサポートを受けたいかを検討してもらい、必要があれば**自治体の就学相談に出向いてもらう**ことになります。また、就学相談にあたっては医師の診断等が必要になる場合もあるため、**自治体で就学におい**てどのような支援があり、**就学相談がどのように行われるのかを把握**し、保護者から質問があった際に答えられるようにしておきましょう。また、就学相談を知らずに入学を迎えてしまうことがないよう、気になる子の保護者には、時期が近づいたら就学相談について案内をするとよいでしょう。

就学相談が
あるのですが…

は あ…

就学に向けて揺れる保護者に配慮を

就学にあたっては保護者の意向が優先されるものですが、どのような支援を選ぶかは保護者もとても悩むと思います。「特別支援学級に進んだほうが本人は過ごしやすいかもしれないが、園での友達とのつながりが途切れてしまうのではないか」「通常の学級に在籍し、通級指導学級に通うとほかの子どもたちからいじめられるのではないか」など不安でいっぱいになり、子どもの特性について受容に向かっていた保護者が突然否認するようになることもありえます。最終的には保護者が決定することになりますが、これまでの卒園児の例なども伝えていき、できるだけ**保護者の不安に寄り添う**ようにします。自分では知識不足だと感じる場合は、**園長や主任に力を借り、積極的に面談の時間を持つ**ようにしましょう。

就学時に選べる学びの体制

自治体により設置の状況が異なる場合もありますが、文部科学省ではこのような学びの場を設置するように決められています。就学時健診の状況や就学相談で保護者の意向を聞くなどを行い、子どもの様子を観察したうえで自治体の教育委員会が進学先を総合的に判断します。

特別支援学校

障害のある子どもに向けた学校であり、幼稚園、小学校、中学校、高等学校に準ずる授業内容を受けられるとともに、障害による学習や生活における困難を克服し、自立を図るために必要な知識、技能を習得することが目的とされています。対象となるのは視覚障害者、聴覚障害者、知的障害者、肢体不自由者、病弱者(身体虚弱者を含む)とされていて発達障害は対象に含まれていません。

特別支援学級

小学校、中学校などで障害のある児童・生徒に対して、子ども一人ひとりに応じた教育を受けることができる少人数の学級です。すべての学校内に設置されているわけではなく、地域内の一部の学校に設置されています。適応状況や集団活動参加の必要性に応じて、通常の学級で活動を行う交流級を利用することができます。

通級指導学級、特別支援教室

通常の学級に在籍し、おおむね通常の学級での授業に参加できる児童・生徒が、それぞれの障害や特性に合わせた個別の指導を受けるための場。週に何時間利用するかは個人の状況によって異なり、在籍している学校に設置がない場合は拠点校に出向きます。各学校で指導が受けられる「特別支援教室」の導入が全国で進められています。

通常の学級

通常の学級においても、障害のある児童・生徒に対して、それぞれの障害に配慮しながら通常の教育課程に基づく指導が行われています。個別の支援が必要な児童・生徒に対しては特別支援教育支援員が配置され、通常の学級での学習においてサポートを行います。

❷就学支援シートの書き方応

保護者と相談しながら作成する

　気になる子の就学において、**教育委員会**での就学相談や、**就学先の小学校との相談**では、「**就学支援シート**」が活用されます。保護者が感じている課題や希望する支援内容、在園時の成長の様子、在園先の保育者から見た課題や必要な支援・配慮についてまとめたものです。**保護者から依頼を受け、園が中心となって作成する**ものですが、**保護者の記入欄もある**ため、保護者とも相談しながらまとめるとよいでしょう。自治体で用意された形式・書式がある場合はそちらを使います。自治体では「就学支援シート」が用意されていない場合でも、就学にあたって小学校に伝えておきたい事項は園と保護者とで書面にまとめて、小学校との相談に持参してもらいましょう。

池畑先生の ワンポイントアドバイス

就学支援シートに記入する内容は自治体によってかなり異なります。保護者が入学後にどんなことを心配しているかを聞き、そこをカバーできるように、小学校に求める配慮などを記入しましょう。

就学支援シートの作成・記入例

子どもの名前	保護者の名前	保護者の連絡先	入学予定の小学校

これまで利用した機関（幼稚園、保育園、療育機関、医療機関、教育相談、民間サービス等）

機関・施設名	担当者	連絡先	利用期間・内容
○○こども園	○○○○	0000-0000	1歳10か月より
○○市発達相談センター	○○○○	0000-0000	4歳10か月より グループでの療育および 個別相談

好きなこと・得意なこと	嫌いなこと・苦手なこと
・ブロックを使った遊び ・乗り物の絵を描くこと	・耳から入る情報を記憶すること ・はさみを使った工作、のりづけ

	保護者が気になること	園から伝えたいこと
健康・からだについて	おおむね健康だが、緊張状態が続くと体調を崩しやすい	手指の細かい動きが苦手なようで、はさみを動かして形を切ること、のりづけは苦戦します。
人とのかかわりについて	勝ち負けのあるゲームなどは勝ちたい気持ちが強く、負けると相手を攻撃することも。気分の切り替えに時間がかかる。	遊びに夢中になると、同じおもちゃを使っている友達を押しのけてしまうことが。「使いたかったんだね」など気持ちを言葉で表して伝えるようにしています。
日常生活について	着替えなどで、少しでもうまくいかないとあきらめてしまうので、失敗がないようサポートするようにしている。	一日のスケジュールは絵で表すなど目で見てわかるようにすると、理解しやすいようです。
性格・行動について	はじめての場所、出来事が苦手で、慣れるまで時間がかかる。	進級時、担任や環境が変わると落ち着かない様子が。進級前から新担任との交流を増やすなどしていました。

保護者記入欄（大切にしてきたこと、入学後にあってほしい姿など）

経験していないことへの戸惑いが大きいので、年長になってからたびたび小学校の近くを通るようにして「来年からここに行くよ」と伝えてきました。勝ち負けへのこだわりも強いので、新しいお友達とスムーズに仲良くなれるかが気がかりです。

担任から学校に伝えたいこと（指導・支援で心がけてきたこと、入学後に留意してほしいことなど）

友達とトラブルになった際は、「今後どうしたらいいか」を明確に伝えるようにしてきました。3歳頃はかんしゃくを起こすことも多かったですが、「○○したかったのかな？」など気持ちを代弁するような声かけを心がけたことで、少しずつ気持ちを言葉にできるようになってきました。

❸就学先との連携

小学校見学の機会は
保護者にも案内を

　就学先と連携し、就学後の生活がどのようなものになるかイメージすることは、環境の変化に動揺しやすい気になる子にとって大きな安心感につながります。園と小学校との連携は地域の方針や社会状況によってできる範囲が異なりますが、**入学前に小学校を訪問して、行事や授業の様子を見に行ける**機会や、小学生と交流できる機会を作ることが**大変望ましい**です。また、授業の様子や行事を地域に向けて公開している際には、直接訪問をしてもよいでしょう。就学先について情報を求めている保護者がいれば、子どもと一緒に見学できるよう案内してみましょう。

幼保小連携は現在の急務

　幼稚園・保育園・こども園と小学校の連携不足によって、就学後に子どもが小学校での生活にスムーズに移行ができない「**小1プロブレム**」が起きているとされ、**幼保小が連携していくことが必要**とされています。自治体で協議会がもうけられ、**研修会**や**勉強会**が開催されている場合もあるので、園長を通じて情報を共有してもらいましょう。また**地域の行事やイベント**に参加することも、小学校と交流する機会になりますので、日頃からアンテナを張っておくようにしましょう。

就学先との連携の形

学校行事・授業の見学

運動会や発表会などの学校行事に小学校側から近隣園の園長が招待を受けることがあります。その際には年長クラスの保護者にも見学の案内が可能か尋ねてみるとよいでしょう。小学校児童の保護者だけでなく、地域に向けた「学校公開日」が設けられていれば、それも保護者に案内するようにしましょう。

小学生との交流体験

通常の保育の中で小学校を訪れ、授業の見学をしたり、行事に参加できたりする場合があります。実際の小学校生活の一部を経験できるだけでなく、小学生と交流することができ、子どもにとっても入学後の生活のイメージがわきやすくなります。

地域行事への参加

町内会や商店街が主催する行事や地域のお祭りなどに小学生の児童や園児が参加できることがあります。小学生の活動の様子を直接見ることや、交流することができます。また、近隣小学校の校長や教員とつながりを持つことで、行事や授業の見学など、ほかの交流のきっかけとなることも。

協議会、研修会への参加

自治体の教育委員会が主催となり、幼保小連携に関する協議会が設置されていたり、研修会が実施されていたりする場合もあります。各園で園長や参加する担当保育者が決められていることもあると思いますが、出席した保育者から園内で情報共有できるとよいでしょう。また機会があれば自身でも参加してみましょう。

池畑先生のワンポイント まとめ

多忙な中で、地域の小学校についての情報を収集するのはなかなか大変なことだと思いますが、園として地域の小学校とも連携していけると、すべての子どもたちのスムーズな就学につながっていくでしょう。

発達障害の診断

医療機関での問診等で総合的に診断

　発達障害の診断ができるのは医療機関のみです。診断を受けるには小児科、児童精神科、発達外来などを受診する必要があります。ただ、発達障害についてはいまだにその原因が明らかになっておらず、ほかの疾病のように画像診断や血液検査など目に見える形で診断ができるものではありません。医師が問診や行動観察、心理検査や発達検査を行い、アメリカ精神医学会が出していて世界で最も広く使われている『DSM-5』やWHO（世界保健機関）の診断基準である『ICD-10／11』などの診断基準を満たしているか、日常生活や社会生活において不適応が生じているかを鑑みて、総合的に診断します。心理検査や発達検査はさまざまな種類がありますが、全体的な発達の傾向を見るために知能検査を用いることもあります。よく使われるのは田中ビネー知能検査V、WISC-IVと呼ばれるものです。

診断基準は時代とともに変化する

　『DSM』も研究で明らかになったことをふまえてどんどん更新されていきます。過去には「自閉症」や「アスペルガー症候群」という名称で呼ばれていたものが、現在は「自閉スペクトラム症」と統一されるなど、名称、診断基準は時代とともに変化しているのです。発達障害という診断を受けることで、使えるようになる支援や福祉サービスなどもありますが、診断がなくても医師が記入する書類があれば利用できるものも少なくありません。子どもの困り感を見える化するために、心理検査や発達検査を受けるのは選択肢のひとつかもしれませんが、診断が必要かどうかは考えてみたほうがよいでしょう。

この子にはどんな困り事があるのかな？

5章

自治体の支援例

塩尻市「元気っ子応援事業」における支援体制・ケース紹介

長野県・塩尻市で行われている子育て支援事業のひとつが
「元気っ子応援事業」です。自治体が中心となって
子どもの成長を継続的に見守る制度についてお伝えします。

年中児対象の相談事業

　長野県塩尻市では、少子化・核家族化が進むなど変容する家庭環境に応じた子育て支援事業「元気っ子育成支援プラン」を策定し、実施しています。その中で、少人数でのあそびや課題を通じて健やかな発達を促す「元気っ子応援事業」を推進しています。「元気っ子応援事業」では、幼稚園、保育園の年中児を対象に、保護者と相談員が子どもの集団遊びの様子を確認し、成長した姿やこれからのばしたい力を確認していく「元気っ子相談」を行っています。この事業では幼・保・小・中・高が連携して子どもの基本情報や支援に関する情報を引き継いでいきます。さらに相談を希望する保護者には継続相談、希望によっては医療機関への相談につなげるほか、園での保育にも反映させていくなど、継続した支援で子どもの健やかな成長を支えます。

継続的なサポートが得られる

　「元気っ子相談」により、園に通うすべての保護者と相談員とのネットワークができ、子育てについての悩み、子どもの成長について気になることを気軽に相談することができます。また、相談内容については必要に応じて園をはじめ、心理や医療の専門家とつなぐことができるのに加え、小学校、中学校フォローアップ訪問を実施するなど子どもの成長、発達に応じて継続的に支援を行います。

「元気っ子応援事業」

元気っ子相談

年中児が対象。10人前後のグループで集団遊びをする様子を相談者と保護者が参観。個別相談でその姿を振り返り、成長した姿や応援していきたい姿を話すのに加え、日頃の子育ての悩みや入学に向けた心構え、心配ごとについても一緒に考えます。

元気っ子継続相談

元気っ子相談の後で、さらに子どものことで相談をしたい保護者に対しては継続相談を実施。今後の具体的な手立てを相談員が一緒に考えます。

元気っ子医療相談

保護者から希望があった場合には、医師や言語聴覚士による相談を受けることができます。

元気っ子応援プログラム

心身ともに望ましい成長や発達につながるように、子ども一人ひとりに必要な手立てを検討するとともに、保育計画などに反映させます。また園で取り組んできた内容や子どもが努力してきたことを小学校に伝え、安心して小学校生活が送れるようにします。

元気っ子フォローアップ

小学校就学までに行ってきた相談やかかわりを入学後にもつなげられるように支援をします。また、小学校入学以降も18歳までそれぞれのライフステージに応じた相談支援、応援を継続していきます。

相談ケース紹介

年中児の「元気っ子相談」では、各園で相談員と保護者の個別相談の後に検討会を行います。担当保育者、保健師、相談員それぞれの情報を共有することで課題と今後の対応が見えてきたケースを紹介します。

❶受け止め方が違う保護者のために

子どもの様子

身体の動かし方に少しぎこちなさはあるが理解力はある。ただし、集団の中で話を集中して聞くのが難しく、特に友達と一緒の場だとふざけてしまうことが多い。1歳6か月健診までは特に問題はなく、3歳児健診の際に一部答えられない課題があった。

普段の保護者との関係

食事について「家ではあまり食べない」と相談があり、「園ではこんなふうにして食べています」と園での食事の様子を伝えると、「がんばって食べているんですね」と認めてはくれたが、園と同じ方法を家庭でも取り入れるまでには至らなかった。全身を使った協調運動ができない子は、口の周りの協調運動ができない場合があるため、大型遊具や運動遊びなどを取り入れ、身体づくりを意識した保育を設定することとなる。

集団遊びの動画を観た後の感想は「すべてそつなくこなせていた」「先生の言うことが聞けていた」と好意的。ただ、家庭で気になることを聞いたところ「偏食でお菓子と果物しか食べない」「『保育園どうだった？』と聞いてもあまり様子がわからない」などの回答が。食事については咀嚼力（そしゃく）を鍛えるためにかむ練習をしたほうがいいと伝え、園の様子を子どもに尋ねる際には「今日、給食おいしかった？」「ブランコで遊んだ？」など個別にやったことを質問し、そこから話を広げていく方法もあると伝えた。

❷社会性のサポートが必要な保護者

子どもの様子

ひと口の量が少ないため食事に時間がかかり、食べる量も少なかったが、がんばる姿を認める声かけを保育者が続けたところ、食事量が増えてきた。少しずつ友達とのかかわりもみられるようになった反面、トラブルも起きるので、保育者から声をかけてかかわるよう意識をしている。

普段の保護者との関係

日々の送迎をはじめ、園とのかかわりはほとんどが父親で、母親と話したのは数回程度。持ち物などで保育者からのお願いに積極的に対応してもらえず忘れ物が多い。連絡帳アプリもあまり目を通していないようで、行事などの連絡は口頭での念押しが必要。

相談員との個別相談より

父親が参加。「体の動きはぎこちなさもあるが、ルールもよく理解できている」と好意的な反応。相談員から「家庭で気になる点はないですか」と質問すると、「落ち着きがなく、食事の時間に集中できない」と、心配事が出てきた。現在は起きる時間がゆっくりなようなので、就学も考えて少しずつ早めていくことを提案したところ、腑に落ちない表情をしていた。子育てに関してあまり知識がなく、関心も薄いのかもしれない。園では、子どもががんばっている姿を認める声かけをしたり、さまざまな経験をさせたりして成長をうながすとともに、引き続き保護者へのサポートを行う。

❸子どもの困り感を保護者と共有し支援につなげる

子どもの様子

1歳6か月児健診で発語がないなど気になる点があり経過観察に。3歳6か月で大きく成長がみられ、観察終了となった。園では、年中クラスになって、自分から友達にかかわる機会が増えたが、相手の思いが理解できず、トラブルも多い。製作では、自由に絵を描くときに自分の描きたいものをどう描いていいのかわからず、保育者から「丸を描こうか？」「髪の毛を描いてみようか？」と声をかけることで描き進められる。

普段の保護者との関係

母親は園で子どもが感じている困り感について理解し、園での姿を伝えると「がんばっていますね」と認める言葉も。「家でこういう面がありますが、園ではどう対応していますか？」と質問されることもあり、園での対応を伝えると「家でもやってみます」と、前向きな反応がある。父親も子どもの困り感に気づいてはいるものの「気にしなくて大丈夫」ととらえていて、母親と父親で意見の相違がみられる。

相談員との個別相談より

「元気っ子相談」には父親が参加。集団遊びのルールがわからず困っている様子にも気づいていたが「やったことがないのだからできなくてもしかたない」「年齢相応だとあのくらいで問題ない」という反応が。母親は不安に思い、療育機関や医療機関への相談を検討していたため、後日、相談員と園とで両親に面談を行う。父も「子どもが就学してから困らないように今できることをしたい」という思いもあり、医療相談を実施して療育につながった。

池畑先生のワンポイント **まとめ**

子どもや家庭の支援について、園だけでなく、自治体の保健所や療育機関などが連携し、情報を共有することで手厚い支援につながっています。園だけでは気づかないような支援も見えてきます。

専門機関との連携

気になる子の支援については専門機関との連携が欠かせません。
塩尻市の「元気っ子応援事業」ではどのようにして
専門機関との連携を保護者に案内しているのでしょうか？

「元気っ子相談」を通じて専門機関と連携

気になる子の困りごとについて「これは専門機関にも相談したほうが、適切な支援を受けられるのでは？」と感じるケースもあると思います。保護者から希望がない場合、保育者から専門機関への相談を持ちかけるのは、タイミングや声のかけ方など、

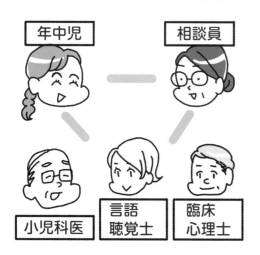

年中児 — 相談員

小児科医　言語聴覚士　臨床心理士

かなり気を遣うものです。塩尻市の場合は、「元気っ子相談」を年中児全員に実施することで、相談員を通じて小児科医師、言語聴覚士、臨床心理士など専門的な相談につなぐことができます。保護者にとっても身近な専門機関への相談につなげていけるのは負担が少ないでしょう。

保護者の相談窓口がワンストップに

また、行政における子どもに関する相談窓口を家庭支援課に集約し、保健師、臨床心理士、家庭児童相談員、教育相談員が配置されています。保護者が自身の子育てや子どもについて相談したいと希望した場合も、ワンストップ体制で対応可能な相談窓口として案内することができます。多忙な保護者にとって、相談が1か所ですむのはハードルが低く感じるはずです。

元気っ子応援チーム

0歳から18歳までの子どもたちの豊かな成長のため、
園や学校、家庭、地域、行政、専門機関などが
「元気っ子応援チーム」として手をつなぎ、応援していきます。

家庭（保護者）
お父さん・お母さん・
おじいちゃん・おばあちゃん

保育園・幼稚園・
認定こども園

小学校・中学校・高校

子育て支援センター

児童館・児童クラブ

医療機関

子どもたち

相談機関・
地域福祉機関

スクールソーシャルワーカー

NPO 等

スクールカウンセラー

塩尻市役所

健康づくり課	福祉課	こども課	家庭支援課	教育総務課
心と体の健康に関すること	家庭の福祉に関すること	保育園全般に関すること	子どもに関すること	学校生活全般に関すること

池畑先生のワンポイント まとめ

園が専門機関とも連携しながら子育てを応援するというのは、支援を受ける側の保護者だけでなく、支援する側の園としても、自分たちだけで支援を背負わなくてよく、メリットが大きいと感じます。

小学校との連携による就学支援

園と小学校とが連携していること、在園中の相談事項や支援内容が
確実に小学校に引き継がれていくことも「元気っ子応援事業」で
大切にされている部分です。その特色を見ていきましょう。

就学後も相談や支援が継続

「元気っ子応援事業」では、園から小学校に入学した際も継続的な支援を行っています。出生時からの基本情報や経過記録を、支援にかかわる関係機関が共有していくのに加えて、「小学校フォローアップ訪問」として、「元気っ子応援チーム」が小学校を訪問し、環境が変わったことによって子どもが困っていることがないかを確認します。これまでの状況を知っている相談員などが、小学校入学後もかかわり続けるのは、子どもと保護者を送り出す園としても安心感が持てます。

地域の園と小学校の交流も

入学後の支援だけでなく、子ども自身が在園中に小学校の生活にふれられることや、園の保育者と小学校の教員とに直接のつながりがあることも、子どもにとって大きな安心感へとつながります。「元気っ子応援事業」では、その一環として、地域の園と小学校の連携・交流を行っており、地域ごとにさまざまな交流活動が行われています。また、気になる子に限らず、子どもたち一人ひとりの園での成長の記録が小学校に引き継がれます。

塩尻市での園と小学校との交流の例

小学校5年生と年長児がペアを組んで、1年間ともに活動するなど、さまざまな機会で交流を行いました。入学後に顔なじみの6年生がいることが、子どもにとっては安心につながります。また、小学校の教員が園を訪問して、子どもの様子を参観したり、一緒に活動を行ったりすることで、園と小学校の職員間の交流が行われた例もありました。

発達障害がある子の学齢期以降の課題

　発達障害がある子については、教科学習が始まる小学生以降、日常生活や友達関係に加えて、学習についても支援の必要性を検討していくことになります。学習でつまずきがみられる場合は、どのような困り感があるかを模索して、支援を行っていくことになります。その際に、これまでの相談や支援が大きな助けになるでしょう。

　また、中学校に入学すると、教科担任制や部活動が始まり、より多くの人とのかかわりが増えるのに加え、定期テストによって教科学習の成果が点数化されて受験も視野に入ってくるなど、さらなる支援のポイントが出てきます。高校入学後も、進学した学校が合わず、不登校になったり、退学したりするケースも少なくありません。こういった学齢期以降のさまざまな課題についても、「元気っ子応援事業」のように一貫したサポートがあると、その都度適切な支援や案内につながり、社会に出ていくことができるのです。

池畑先生の**ワンポイント** まとめ

　子どもにとっても、保護者にとっても、大きく環境が変わる園から小学校への移行は不安が強いものです。園と小学校とが連携し、交流を行っていくと、職員どうしのつながりも深まり、安心感が強くなります。

用語集

DSM

アメリカ精神医学会が作成している精神疾患・精神障害についての国際的な診断および統計マニュアル。世界的な診断基準、診断分類のひとつとして日本でも多くの病院で用いられ、発達障害の診断の際にも使われる。研究が進むにつれ改訂され、現在は2013年に発表された「DSM-5」が最新版。「DSM」のほかに、WHO（世界保健機関）が作成している国際的な診断基準である「ICD」も使われることが多い。

ASD（自閉スペクトラム症）

発達障害のひとつ。社会的コミュニケーションや対人関係に困難があり、行動や物事にこだわりを強く持つ、興味が限定的、反復行動がみられるなどが特徴。以前は「自閉症」「アスペルガー症候群」などに分類されていたが、「DSM-5」より診断名が統一された。

ADHD（注意欠如・多動症）

発達障害のひとつ。集中することが難しい不注意、じっとするのが苦手な多動性、周囲の状況を鑑みずに行動・発言してしまう衝動性

が特徴。すべての特徴がみられる人もいれば、一部の特徴のみがみられるタイプも。ASDと併存する場合もある。

LD（限局性学習障害）

発達障害のひとつ。知的発達の遅れはないものの、「読む」「書く」「計算する」のうち特定の能力の習得、使用に著しい困難が生じる。一般的には教科学習が始まる就学後に気づかれる場合が多い。

ディスレクシア

発達性読み書き障害。LDの中でも特に「読み」「書き」に限定した困難がある状態を指す。読字障害や識字障害と呼ばれることも。

知能検査

知能や発達の水準について客観的に明らかにするとともに、個人の特性がどのような点に表れるかを明らかにする検査。発達障害の診断では「WISC-Ⅳ知能検査」や「田中ビネー知能検査Ⅴ」を用いることが多い。

障害受容

障害があることを含めて「自分」なのだと理解し、肯定的に受け入れること。障害がある

当事者本人だけでなく、家族など当事者とかかわる人に対しても用いられる概念。特に障害があるのが乳幼児の場合には、主に子育てや日々のケアにかかわる保護者の障害受容も重視される。

ドローターの5段階説

障害受容の過程として「ショック」「否認」「悲しみと怒り」「適応」「再起」の5つの段階を経ていくという説。アメリカの小児科医・ドローターが提唱した。

らせん形説

障害のある子の保護者に特化した障害受容についての説。障害を受容する気持ちと否定する気持ちが常にリボンの表裏のようにあり、らせんを描いているというもの。発達障害のある子やその家族支援に長く携わっている中田洋二郎先生が提唱。

療育

障害のある子に対して、それぞれの特性や発達に合わせて、日常生活や社会生活を円滑に行えるようなアプローチをすること。発達障害のある子に向けては、遊びを通じてコミュニケーション力や生活習慣を身につけるプログラムなどが行われる。療育専門施設に通う形のほか、保育園や学校などにスタッフが訪問する形もある。未就学児を対象とした療育施設では自治体ごとに「児童発達支援センター」が置かれている。就学児が放課後や長期休業期間に通う療育施設としては「放課後等デイサービス」がある。

きょうだい児

病気や障害などのケアが必要なきょうだいがいる子を指す。保護者がきょうだいの治療やケアに追われて十分な愛着形成が得られないなどの問題を抱えている可能性があり、支援が必要とされる。

インクルーシブ教育

障害のある子どもを一般的な教育制度から排除せずに、それぞれが必要な「合理的配慮」を受けながら、障害のある子どもとない子どもが同じ場でともに学ぶ教育の形。

個別の指導計画

子ども一人ひとりの実態に応じて、適切な指導を行うために作成される指導計画。指導目標や指導内容、指導方法を明確にし、細やかな指導につなげる。主に担任が中心となり、園長や主任などの管理職、特別支援コーディネーターなどと連携して作成する。

個別の教育支援計画

対象となる子どもが乳幼児期から小学校、中学校、高校と切れ目のない支援が受けられるように、成長記録とともに、これまでどのような指導を行ってきたかをまとめたもの。保護者や関係機関が連携して作成し、子どもの進学先が決まると、その都度引き継がれる。

就学相談

障害や発達に課題のある子どもの小学校入学にあたって、本人や保護者の希望、通っている園の意見などをふまえながら、本人と保護者と教育委員会とで相談や協議を行い、就学先を決定するもの。

就学支援シート

子どもの小学校入学にあたって作成される書類。園でこれまで行ってきた支援や在園中の成長の様子、現在の課題、入学後に希望する支援や配慮について、保護者からの依頼を受けて園が中心となって作成する。就学相談や入学が決まった小学校と保護者との相談において活用される。自治体で決まった書式が用意されている場合もある。

就学時健康診断

就学時健診とも呼ばれる。学校保健保全法に基づき、来年度小学校に就学する子どもを対象として実施される健康診断。子どもの心身の健康や発達を確認するのが目的で、視力、聴力、歯科、内科などの検査のほか、面談が行われることもある。地域の各小学校で行われ、在校生がサポートに入る場合もあるので、入学前に小学校の様子を知る機会にもなる。

特別支援学校

障害のある子どもを対象とした学校。学習だけでなく、障害による学習や生活の困難の克服や自立を図るための知識や技術習得も目的とされている。入学は視覚障害者、聴覚障害者、肢体不自由者、病弱者が対象で、発達障害は対象には含まれていない。

特別支援学級

小学校、中学校などで障害のある児童・生徒が一人ひとりに応じた教育を受けることができる少人数の学級。地域内の一部の学校に設置されている。適応状況や集団生活参加の必要性に応じて、通常の学級で活動を行う「交流級」を利用することもできる。

通級指導学級

通常の学級に在籍して、おおむね通常の学級での授業に参加が可能な自動・生徒が、それぞれの障害や特性に合わせた個別の指導を受けるための場。週に何時間利用するかなど利用頻度は個人の状況によって異なる。各学校に置かれているわけではないため、在籍している学校に設置がなければ、設置されている「拠点校」に児童・生徒が出向く必要がある。

特別支援教室

発達障害などのある児童・生徒が通常の学級に在籍しながら、一人ひとりの特性をふまえた指導を受けられる場として「通級指導教室」に代わって導入が進められているもの。教室自体は各学校に設置され、指導にあたる教員が「拠点校」から巡回してくる。児童・生徒は普段通っている在籍校で指導が受けられるため、他校への移動や保護者の送迎などの負担軽減につながる。

ワンストップ体制

1か所ですべてが事足りる、1か所で必要なものがすべてそろうような体制、仕組みのこと。多忙な保護者の負担が少しでも軽減され、課題を抱えた家庭が切れ目のない支援が受けられるように、子どもに関する相談や手続きに関しても、ひとつの窓口を訪ねれば、行政のさまざまな機関や部署と連携されるようなワンストップ体制を取り入れる自治体が増えている。

スクールカウンセラー

学校において児童・生徒が抱えるさまざまな課題、悩みに対して心理についての専門性をもとに助言や指導を行う。児童・生徒だけでなく、保護者や教職員も相談対象として助言や指導を受けることができる。

スクールソーシャルワーカー

教育分野と社会福祉の両面に関して専門的な知識や技術を持ち、児童・生徒に、いじめ、暴力行為、不登校などの問題があった際に、家庭や地域など児童・生徒を取り巻く環境に働きかけを行うほか、学校、児童相談所、保健・医療機関など関係機関との連携をとって、課題の解決に取り組む役割を担う。過去に教育や福祉分野での勤務経験を持つ人が多い。

監修　池畑美恵子

淑徳大学 総合福祉学部 教育福祉学科 准教授、淑徳大学発達臨床研究センター長。発達に気がかりやつまずきのある幼児と小学生の療育・学習支援と臨床研究を行っている。著書に『感覚と運動の高次化理論からみた発達支援の展開』(学苑社)、『子ども支援の現在（いま）を学ぶ　子どもの暮らし・育ち・健康を見つめて』(共著、みらい)、『演習・保育と障害のある子ども』(共著、みらい) がある。

事例協力　塩尻市こども教育部こども課保育園運営係　元気っ子応援アドバイザー

装丁・本文デザイン　熊谷昭典（株式会社 スパイス）　佐藤ひろみ
マンガ・イラスト　　カツヤマケイコ
執筆・編集協力　　　古川はる香
編集・制作　　　　　株式会社 KANADEL
企画編集　　　　　　株式会社 ユーキャン

ユーキャンの発達障害の子の保育 実践編
―気になる子＆保護者対応のポイント―

2023年10月20日　初 版　第 1 刷

編者　　ユーキャン学び出版　スマイル保育研究会
発行者　品川泰一
発行所　〒151-0053　東京都渋谷区代々木1-11-1
　　　　Tel. 03-3378-1400
発売元　株式会社 自由国民社
　　　　〒171-0033　東京都豊島区高田3-10-11
　　　　Tel. 03-6233-0781（営業部）
印刷・製本　シナノ書籍印刷 株式会社